LES AVANTAGES

DES

CAISSES D'ÉPARGNE,

RENDUS SENSIBLES PAR DIVERS EXEMPLES DU RÉSULTAT DE LEURS OPÉRATIONS,

PAR J.-B. JUVIGNY.

DEUXIÈME ÉDITION,

DONT L'ABRÉGÉ A ÉTÉ COURONNÉ PAR LA SOCIÉTÉ POUR L'INSTRUCTION ÉLÉMENTAIRE.

« Le travail et l'économie sont la source
« de toutes les richesses. »

PARIS,

RENARD, A LA LIBRAIRIE DU COMMERCE, RUE SAINTE-ANNE, N° 71;
Mme HUZARD, RUE DE L'ÉPERON, N° 7.

1836.

IMPRIMERIE DE Mme HUZARD (NÉE VALLAT LA CHAPELLE),
Rue de l'Eperon, n° 7.

AVANT-PROPOS.

Le gouvernement a enfin senti la nécessité d'encourager l'établissement des Caisses d'Épargne, de ces institutions doublement précieuses sous le rapport de la morale, et surtout de la paix publique. En effet, quoi de plus propre à consolider le nouvel ordre de choses que d'attacher les masses à sa conservation par leur propre intérêt? Or, par cela seul que leur petit pécule est placé sur l'État, les actionnaires des Caisses d'Épargne ne sont-ils pas les défenseurs naturels de ce même ordre de choses? Continuez donc, dirai-je à nos gouvernans, d'enrôler sous votre bannière cette milice d'un nouveau genre, dont l'entretien ne vous coûte rien, et qui, par son travail et par le besoin de conserver inhérent à sa position, contribue tout à la fois à la prospérité et à la tranquillité du pays. Multipliez, à cet effet, les Caisses d'Épargne et les institutions de prévoyance en général; faites-en proclamer l'utilité par les journaux à votre dévotion de la capitale et des départemens, afin d'étendre de plus le cercle de leurs opérations.

Toutefois, c'est aux bons citoyens à seconder, chacun à sa manière, les louables efforts du gouvernement; et c'est dans ce but que j'ai composé ce petit ouvrage. Après y avoir expliqué l'origine, l'organisation et le mécanisme de la Caisse d'Épargne fondée à Paris en 1818, laquelle a servi de modèle à toutes celles du même genre qui, depuis, ont été créées en France, j'ai enseigné à calculer ce que des versemens de n'importe quelle quotité doivent rapporter au bout d'un nombre quelconque de semaines, de mois ou d'années, soit que ces versemens consistent en sommes égales ou non, et soit qu'ils aient lieu sans interruption, ou bien à différens intervalles.

Quoique ces sortes de questions soient du ressort de l'algèbre, puisque l'intérêt composé en est la base, je les ai pourtant traitées sans sortir du cercle de l'arithmétique, afin de les mettre à la portée de toutes les intelligences. C'est à l'aide de quatre tableaux dont l'usage combiné suffit à tous les cas, et surtout d'une méthode facile qui indique de quelle manière doit s'opérer cette combinaison, que j'ai obtenu ce degré de simplicité. Un pareil travail, comme l'on pense bien, m'a coûté infiniment de peine; mais j'en ai été amplement dédommagé, puisque la Société pour l'instruction élémentaire en a jugé l'abrégé digne d'être couronné, ainsi que le constate le passage du rapport fait dans le temps à cette Société, par M. Charles Renouard, passage dont voici la transcription littérale ci-après :

« Le Mémoire n° 12, sur *les avantages de la* » *Caisse d'Épargne*, portant pour épigraphe : *Le* » *travail et l'économie sont la source des riches-* » *ses*, avait été remarqué à votre concours de » l'année dernière, comme digne d'être retouché » par l'auteur, auquel on reprochait alors d'avoir » effrayé ses lecteurs par un trop grand appareil » de chiffres. Ces observations ont eu le résultat » désiré; les calculs ont été fort simplifiés ; les » considérations morales ont reçu d'heureux dé- » veloppemens, et vous avez aujourd'hui la satis- » faction de posséder un bon ouvrage de plus, sur » le sujet éminemment utile qui avait inspiré à » Lemontey l'un de nos meilleurs livres de lec- » ture populaire. L'auteur de cet ouvrage, qui a » paru digne d'un prix, est M. Juvigny. »

Le développement des calculs, qui était un défaut lorsque ces calculs s'adressaient à la classe ouvrière seulement, est, au contraire, un mérite lorsqu'on les destine, comme je le fais aujourd'hui, à d'autres classes plus nombreuses et plus instruites. Au surplus, cet ouvrage est le seul, dans son genre, qui ait paru jusqu'à présent ; car ceux publiés antérieurement sur les Caisses d'Épargne ne contiennent que des considérations morales en leur faveur, et non, comme le mien, des calculs positifs sur les avantages pécuniaires qu'elles offrent aux déposans.

ERRATA.

Page 16, ligne 15, *au lieu de* $\frac{1}{7200}$, *lisez* $\frac{7}{7200}$.
Page 18, ligne 17, *au lieu de* 23 fr. 994, *lisez* 24 fr. 108.
Page 19, ligne 18, *au lieu de* 1401 fr. 994, *lisez* 1402 fr. 108.

LES AVANTAGES

DE LA

CAISSE D'ÉPARGNE

RENDUS SENSIBLES PAR DIVERS EXEMPLES DU RÉSULTAT DE SES OPÉRATIONS.

PREMIÈRE PARTIE.

DE L'ORGANISATION DE CETTE CAISSE.

1. Cette Caisse, autorisée pour trente ans, par ordonnance royale du 29 juillet 1818, sous la dénomination de *Caisse d'épargne et de prévoyance*, est une institution de bienfaisance. Elle est destinée, comme le porte textuellement l'art. 2 de ses statuts, *à recevoir en dépôt les petites sommes qui lui seront confiées par les cultivateurs, ouvriers, artisans, domestiques, et autres personnes économes et industrieuses.*

Les fondateurs de cette Caisse ne se sont pas contentés de bien mériter de leurs concitoyens, en attachant leur nom à un établissement aussi éminemment utile, qui a servi de modèle à tous les autres du même genre existant actuellement dans les principales villes de France ; mais dès l'ouverture , ils l'ont dotée d'une rente de mille francs sur l'État (*art. 3 des statuts*) ; et cet appel aux cœurs généreux a été parfaitement entendu, puisqu'aujourd'hui sa dotation, y compris les bénéfices, s'élève à environ 150000 francs de rente.

Comme les fondateurs n'ont été animés que par la noble ambition du bien public, ils ont voulu que le mode d'administration en fût gratuit, selon que le prescrit l'art. 6 des statuts , ainsi conçu : *La Caisse sera administrée gratuitement par vingt-cinq directeurs* , etc.

Voici la liste nominative de MM. les membres composant d'administration, au moment où j'écris. Les noms accompagnés d'un astérisque sont ceux des fondateurs originaires qui ont signé l'acte de société du 22 mai 1818.

Président, M. le Duc de la Rochefoucauld, *Pair de France*.

Vice-Présidens.
- B. Delessert *, *Régent de la Banque.*
- J. Lafitte *, *Régent de la Banque.*
- Hottinguer *, *Régent de la Banque.*
- J. Lefebvre *, *Régent de la Banque.*

Secrétaire. Val.-Roux *, *Régent de la Banque.*

Secrétaires-Adj. { PILLET-WILL *, *Banquier.*
COTTIER *, *Régent de la Banque.*
A. DE STAEL, *Propriétaire.*
F. DELESSERT, *Banquier.* }

ANDRÉ (D.)' *Banquier.*
BARTHOLDI *, *Négociant.*
CACCIA *, *Régent de la Banque.*
CALLAGHAN *, *Négociant.*
J. C. DAVILLIER, *Régent de la Banque.*
DAVILLIER aîné *, *Négociant.*
DE LAPANOUZE *, *Banquier.*
DE ROTHSCHILD, *Banquier.*
DUCOS, *Régent de la Banque.*
GUÉRIN DE FONCIN *, *Banquier.*
GUITON *, *Régent de la Banque.*
LAINÉ *, *Administrateur de la Loterie.*
ODIER, *Censeur de la Banque.*
C. PÉRIER *, *Régent de la Banque, Membre de la Chambre des Députés.*
REISET *, *Receveur général.*

Directeurs honoraires.

DE GAËTE (le Duc); *Gouverneur de la Banque de France.*
HENTSCH *, *Propriétaire.*
LEMONTEY, *Homme de Lettres.*

Censeurs.

LUCE, *Agent de change honoraire.*
VALOIS jeune, *Négociant.*
VERNES *, *Banquier.*

Il est difficile de rencontrer une réunion d'hommes plus honorables par leur position sociale, leur fortune, leurs talens, leur probité, et qui par conséquent aient plus de droits à la confiance publique; aussi n'insisterons-nous pas sur ce point, car de pareils noms valent seuls un éloge.

Les dépenses qu'entraîne l'administration sont prélevées aux termes de l'art. 5 des mêmes statuts, *sur le produit annuel des dotations de la Caisse, et subsidiairement sur ses bénéfices.* Par conséquent il n'est, dans aucun cas, exigé par la caisse ni rétribution, ni commission, ni frais quelconques.

La caisse établie actuellement, rue de la Vrillière, hôtel de la Banque de France, reçoit des versemens tous les dimanches, depuis 9 heures jusqu'à 1 heure, du 1er mai au 1er octobre; et depuis 10 heures jusqu'à 2 heures, du 1er octobre au 1er mai. Chaque dépôt ne peut plus être que de 1 franc jusqu'à 50 francs, sans fractions de francs, tandis qu'autrefois on pouvait y placer de 1 franc à 600 francs. L'administration, en restreignant ainsi le *maximum* de chaque placement à 50 francs, a rappelé l'institution à sa véritable destination, qui est principalement de venir au secours des classes les moins aisées de a société.

La Caisse paie l'intérêt à partir du jour de

chaque versement jusqu'au jour de la demande en remboursement. (*Art.* 11 *et* 14 *de l'acte du* 2 *avril* 1823.)

Toutes les sommes reçues par la Caisse doivent être employées en achats de rentes sur l'État, 5 pour cent consolidés, inscrites en son nom. (*Art.* 2 *des statuts.*) Ainsi, les fonds dont la Caisse est dépositaire, ne peuvent être ni détournés pour des spéculations particulières, ni exposés à aucune chance hasardeuse, ni recevoir une collocation plus solide; car l'État est bien le plus riche et le plus sûr des débiteurs.

Aussitôt que le compte d'un déposant présente une somme suffisante pour acheter, au cours moyen du samedi de chaque semaine, une inscription de 10 francs de rente (*), le transfert de cette rente est fait en son nom; il en devient propriétaire, et la valeur en est déduite du montant de son avoir. (*Art.* 15 *des statuts.*)

Les arrérages de cette rente, d'après l'art. 16 de ces mêmes statuts, sont perçus tous les six mois par la Caisse, et portés au crédit du compte du déposant, s'il ne retire pas l'inscription. Les arrérages non retirés de la Caisse sont assimilés aux versemens, et portent intérêt à dater du dernier dimanche de mars et de septembre.

(*) L'article 15 des Statuts mentionnait 50 francs de rente, au lieu de 10, parce que, à cette époque, et jusqu'à l'apparition de l'ordonnance du Roi du 30 octobre 1822, il n'y avait pas d'inscription de rente moindre de 50 francs.

Le conseil des directeurs fixe au mois de décembre de chaque année le taux de l'intérêt pour l'année suivante (*art.* 9 *des statuts*); ce taux est de 5 p. % pour l'année 1826.

Les intérêts sont réglés et capitalisés tous les six mois aux époques fixes du 30 juin et 31 décembre de chaque année. (*Art.* 12 *de l'acte du* 2 *avril* 1823.)

Le déposant retire à volonté les dépôts ou les inscriptions de rente qui en proviennent, en prévenant cinq jours d'avance. Les demandes en remboursement des dépôts ou d'inscriptions de rentes, sont reçues à la Caisse tous les dimanches.

Cette facilité de retirer les dépôts non-seulement à volonté, mais encore dans un délai aussi bref, est un avantage fécond en heureuses conséquences. En effet, non-seulement elle provoque la confiance, inspire la sécurité, mais elle attire aussi une infinité de versemens qui n'auraient pas lieu sans cette double condition que l'on ne rencontre nulle autre part. Le prêteur ne craint pas désormais de contracter un engagement qu'il peut rompre au gré de son caprice, ou dès que sa situation personnelle l'exigera; et il est mille événemens dans la vie qui peuvent, d'un moment à l'autre, lui rendre nécessaire la disposition de son petit pécule.

L'économie la plus sévère préside aux dépenses

de toute espèce, comme il est facile d'en juger par les comptes annuels publiés par la Caisse. Les employés y sont réduits au petit nombre indispensable pour le service; et il est bien petit, surtout lorsqu'on le compare à l'étendue du travail et à la multiplicité des détails qu'entraîne la nature de l'établissement. Mais c'est que tous les rouages de la machine y sont en parfaite harmonie avec le moteur principal, l'amour du bien public.

D'après l'art. 17 des statuts, le bilan de la Caisse doit être publié chaque année. L'administration va au-delà de cette obligation; elle se fait aussi un plaisir bénévole de faire imprimer tous les ans les discours prononcés à l'assemblée générale par les fondateurs et les censeurs, et de les distribuer gratis au public, ainsi que les prospectus et autres documens qui peuvent lui être utiles. Ainsi, au moyen de ces sages précautions, chaque intéressé est à portée de suivre les progrès de l'établissement, et de juger par ui-même de la marche de l'administration.

Les bénéfices de la Caisse doivent être employés, soit à accroître le fonds capital, soit à augmenter le taux de l'intérêt annuel en faveur des prêteurs. (*Art.* 18 *des statuts.*)

Ne pas diminuer le taux de l'intérêt lorsque le cours des effets publics se soutient pendant un an au-dessus du pair, revient dans le fonds à l'augmenter, puisque c'est reconnaître aux déposans un intérêt supérieur à celui du jour ; et c'est ce qui est arrivé en 1824, année où la caisse a nécessairement perdu, puisque la rente a toujours été, pendant ladite année, au-dessus de 100 f. Mais, fidèle à ses promesses, elle a mieux aimé supporter cette perte, qui vient en déduction de ses bénéfices, que de réduire le taux de l'intérêt pour l'année suivante, quoiqu'elle fût menacée de voir cette même perte se prolonger en 1825.

En cas de dissolution de la Caisse, par quelque cause que ce soit, le capital lui-même ne pourra être employé qu'en actions de bienfaisance pour l'excédent qui restera libre, tous les engagemens acquittés. (*Art.* 19 *des statuts.*)

Telle est l'organisation de la Caisse d'épargne. Je ne crois pas que la critique la plus sévère puisse signaler le moindre vice dans sa constitution, qui, à mon avis, ne laisse rien à désirer ; elle porte, dans toutes ses parties, l'empreinte des mains habiles et bienfaisantes auxquelles elle doit son existence, et le germe d'une longue et infaillible prospérité. Aussi la reconnaissance publique et les bénédictions de la classe ouvrière sont-elles, depuis long-temps, la noble récompense des généreux fondateurs ; et tout homme de bien, tout ami de son pays, doit-il faire tous ses efforts pour étendre les bienfaits d'un établissement éminemment philantropique, et le rendre, de plus en plus, populaire; car la Caisse d'épargne est réellement la *Caisse du peuple.*

DE L'INFLUENCE DE LA CAISSE D'ÉPARGNE SUR LES MOEURS ET LA FORTUNE PUBLIQUE.

Le bien que produit la caisse d'épargne, sous le double rapport de la morale et de la fortune publique, est immense. En effet, en admettant les plus petites épargnes de la classe ouvrière, elle accoutume le peuple à une sage prévoyance de l'avenir; elle l'encourage au travail, et le détourne, par conséquent, de l'oisiveté, source de tous les vices; elle tend à diminuer la mendicité, cette plaie honteuse de la civilisation, ce fléau de toute société, le plus grand ennemi du genre humain; elle étend, dans toutes les classes, le sentiment de l'ordre et de l'économie, et contribue ainsi, d'une manière efficace, au maintien des bonnes mœurs, qui sont le meilleur rempart des lois.

En améliorant le sort des particuliers, elle accroît nécessairement la richesse publique, puisque la fortune de l'État ne se compose que de la somme des fortunes individuelles. De plus, en attirant à elle et en réunissant, pour les faire fructifier, les plus petites sommes, qui sans cela, seraient restées improductives dans la poche de l'agriculteur, de l'ouvrier et de simples domestiques, elle en compose un fonds considérable qui, rendu à la circulation, augmente le mouvement industriel; elle favorise par ce moyen l'emploi reproductif des capitaux, et tend à les multiplier à l'infini par l'effet de la puissance de l'intérêt composé, dont on a fait, de nos jours, une si heureuse application à l'extinction des dettes publiques. Ainsi la Caisse d'épargne devient en quelque sorte une puissance créatrice, et un élément constant de prospérité dans l'État. Enfin, comme l'art. 2 de ses status l'oblige à convertir ses fonds en inscriptions sur le grand-livre, elle devient, par cela même, un auxiliaire de la Caisse d'amortissement; ses achats contribuent à élever le cours des effets publics et à affermir le crédit national. Or, ce crédit est précisément cause et effet tout à la fois de la prospérité de l'État.

DES RÈGLES D'INTÉRÊT.

3. Avant d'aller plus loin, nous commencerons par dire un mot des règles d'intérêt, dont la connaissance est indispensable pour la construction des quatre tableaux A, B, C et D, qui doivent nous servir à calculer les résultats des opérations de la Caisse d'épargne.

On distingue deux sortes d'intérêts : le *simple* et le *composé*. L'intérêt simple est celui qui ne porte pas intérêt les années suivantes. L'intérêt est composé, lorsque l'intérêt de chaque année se joint au capital pour porter intérêt l'année suivante.

Pour déterminer l'intérêt de l'argent, on compare toutes les sommes à celle de 100 francs prise pour unité, et l'on convient de ce que doit rapporter cette dernière au bout d'un certain temps, d'une année, par exemple.

On se sert également de deux expressions différentes pour distinguer le taux de l'intérêt de l'argent. Ainsi on dit : prêter à *tant pour cent*, ou à *tel denier.*

Pour connaître à combien pour cent revient tel denier, il faut diviser 100 *par le nombre qui exprime ce denier.* C'est ainsi que je trouve que le denier vingt équivaut à 5 pour cent, car $\frac{100}{20} = 5$.

Et *pour revenir de la quotité pour cent au denier, il faut diviser* 100 *par le nombre qui exprime cette quotité.* Par ce moyen, je vois encore que 5 pour cent ou le denier 20 sont la même chose, puisque $\frac{100}{5} = 20$.

Exemple 1er.

4. *Quel est l'intérêt de* 15000 *fancs pour un an, à raison de* 5 *pour cent l'an?* (cinq pour cent s'écrit ainsi : 5 p. $\frac{0}{0}$).

Il est évident que l'intérêt doit augmenter en

proportion du capital, et que par conséquent l'intérêt cherché doit contenir 5 francs autant de fois que 15000 fr. contiennent 100 fr. : il faut donc chercher le quatrième terme d'une proportion qui commence par ces trois-ci :

100 : 5 :: 15000.

Multipliant 15000 par 5, et divisant le produit 75000 par 100, on aura 750 francs.

On peut encore résoudre cette question, en observant que 5 sont le $\frac{1}{20}$ de 100, et que, par conséquent, on aura l'intérêt d'une somme quelconque à ce taux, en prenant le vingtième de cette somme : or le $\frac{1}{20}$ de 15000 est 750, résultat conforme au précédent.

Exemple 2.

5. *Quel est l'intérêt de* 10000 *francs pendant* 45 *jours, à raison de* 5 *pour cent l'an?*

Cette règle est composée en ce que l'intérêt dépend, non-seulement de la force des capitaux, mais encore du nombre de jours. On la ramènera à une règle de trois simple, en considérant :

1°. que 100 fr. placés à l'intérêt pendant les 360 jours dont se compose l'année commerciale, ne rapporteront qu'autant que 360 fois 100 fr., c'est-à-dire, que 36000 fr. pendant un jour ;

2°. Que 10000 fr. placés à l'intérêt pendant

45 jours, ne rapporteront qu'autant que 45 fois 10000 fr., ou 450000 fr. pendant un jour.

La question actuelle est donc changée en celle-ci, parfaitement semblable à la précédente : 36000 *fr. ont rapporté* 5 *fr. d'intérêt pendant un jour, combien* 450000 *fr. rapporteront-ils pendant le même temps?* c'est-à-dire, qu'il faut chercher le quatrième terme d'une proportion qui commence par ces trois-ci :

36000 : 5 :: 450000 :

Et en réduisant le premier rapport à sa plus simple expression, de manière que le second terme ne soit plus exprimé que par l'unité; ce qui n'en change pas la valeur, et qui a lieu en divisant ses deux termes par le plus petit. On aura,

7200 : 1 :: 450000 : x = Réponse 62f,50.

6. D'où il résulte que l'*intérêt d'une somme quelconque, à* 5 *p.* % *l'an, pour un certain nombre de jours, s'obtient en multipliant la somme par le nombre de jours, et en divisant ce produit par* 7200.

7. On prouverait également qu'*il faut diviser ce même produit;* savoir :

Par	12000	lorsque l'intérêt est à	3 p. % l'an.
	9600		$3\frac{3}{4}$
	9000		4
	8000		$4\frac{1}{2}$
	6000		6
	5760		$6\frac{1}{4}$

car ces six questions donneront lieu à autant de règles de trois, qui auront invariablement 36000, pour premier terme, pour second, le taux de l'intérêt annuel, et pour troisième, la somme proposée à multiplier par le nombre de jours donnés. Or, après avoir réduit successivement le second terme de chacune de ces proportions à l'unité, comme dans l'exemple précédent, en divisant les deux premiers termes par le second, le premier ne sera autre chose que le diviseur indiqué; donc, etc.

7. Avant d'aborder le fond de notre sujet, il nous reste à donner successivement l'explication, et à faire l'application pure et simple de chacun des quatre tableaux, dont l'usage combiné est absolument nécessaire pour résoudre les questions relatives aux diverses espèces de placement.

NOTIONS PRÉLIMINAIRES SUR LE RÉSULTAT DES OPÉRATIONS DE LA CAISSE D'ÉPARGNE.

Explication du tableau A.

(8). La quatrième colonne de ce tableau indique, comme on voit, l'intérêt dû, à la fin de chaque semaine, sur la totalité des dépôts déjà effectués; et la dernière colonne, formée par l'addition de la troisième et de la quatrième, indique la valeur à la même époque de tous ces dépôts ainsi que de leurs intérêts. Or, pour calculer cette quatrième colonne, voici comment je raisonne, je dis :

A l'expiration de la première semaine, le premier placement (*) de 1 franc sera passible de 7 jours d'intérêt, il sera par conséquent égal à $\frac{1}{7200}$ de franc, (6) qui vaut, en décimales, $0^{f},001$ que j'écris à la colonne des intérêts,

A l'expiration de la seconde semaine,

Le 1er. versement de	1 franc sera passible de	2 semaines d'intérêt.
Le 2e.	1	1 *idem.*
	2 francs.	3 semaines = 21 jours.

L'intérêt à la fin de la deuxième semaine sera

(*) Nous prévenons une fois pour toutes que nous emploierons indifféremment l'un pour l'autre les mots *dépôt*, *placement* et *versement*, comme de parfaits synonymes dans leur application au cas spécial qui nous occupe.

donc égal à celui de 2 fr. pendant la moitié de 21 jours, soit $10 \frac{1}{2}$ jours, ou bien à celui de 1 fr. pendant 21 jours, qui équivaut à $\frac{21}{7200}$ de franc, et à $0^{f}003$ en décimales. C'est pourquoi j'écris $0^{f}003$ au-dessous de $0^{f}001$.

A l'expiration de la troisième semaine,

Le 1er. versement de	1 franc sera passible de	3 semaines d'intérêt.
Le 2e.	1	2
Le 3e.	1	1
	3 francs.	6 semaines = 42 jours.

L'intérêt dû à la fin de la troisième semaine sera donc égal à celui de 3 francs pendant le tiers de 42 jours, ou bien à celui de 1 franc pendant 42 jours. Cet intérêt est $\frac{42}{7200}$ de franc (6) ou de 0 ,006 en décimales que j'écris à la colonne des intérêts, et ainsi de suite pour les semaines suivantes.

9. Voilà les élémens de la formation de ce tableau, formation qu'il est bien facile de simplifier, en considérant que les intérêts hebdomadaires croissent suivant une progression arithmétique dont le premier terme est 1, et dont chacun des termes suivans surpasse le précédent d'un nombre d'unités marqué par la place qu'il occupe. Ainsi l'intérêt de la première semaine, une fois connu, il suffit, pour avoir celui dû à la fin de la deuxième semaine, de multiplier ce premier produit par 3; de le multiplier par 6,

pour avoir l'intérêt relatif à la troisième semaine ; par 10, pour avoir celui de la quatrième semaine, et ainsi de suite ; c'est-à-dire que *pour avoir l'intérêt dû à la fin d'une semaine quelconque , il ne s'agit que de multiplier l'intérêt de la première semaine , par le multiplicateur précédent, augmenté du nombre de semaines écoulées depuis le premier versement.*

10. Seulement, il ne faut pas prendre pour multiplicande et base de ce calcul, 0f,001, intérêt porté au tableau, vis-à-vis de la première semaine, parce qu'il est un peu trop grand, mais bien, 0f,000972, produit beaucoup plus exact ; ce qui, dans la pratique, se borne à opérer sur les trois chiffres significatifs seulement, et à diviser ensuite le produit par 1000, c'est-à-dire à reculer purement et simplement la virgule de trois rangs sur la gauche.

11. Dans le cours de nos calculs, toutes les fois que le quatrième chiffre décimal a égalé ou surpassé 5, nous avons porté un millième de franc de plus dans ce tableau, comme dans les trois suivans.

Quoique le tableau A ait pour auxiliaires les tableaux B et D, il devient lui-même, dans certains cas, l'auxiliaire du tableau C.

12. Nous avons additionné les diverses colonnes de ce tableau uniquement pour nous assurer qu'il n'existait d'erreur d'addition nulle part. En effet, la seconde et la troisième, se composant

exactement des mêmes nombres, devaient nécessairement donner la même somme, qui est 1378. Mais je dis en outre que 1378 est le véritable total que je devais trouver. Et, pour s'en convaincre, on n'a qu'a considérer que les nombres de ces deux colonnes forment une progression arithmétique croissante, composée de 52 termes, dont le premier est 1, le dernier 52, et la raison ou différence commune l'unité. Or, *dans toute progression arithmétique, la somme de tous les termes est égale à la moitié du produit de la somme des extrêmes multipliée par le nombre de tous les termes*. C'est pourquoi j'ajoute 1 à 52, ce qui fait 53; je multiplie 53 par 52, et prenant la moitié du produit 2756, j'ai pour résultat les mêmes 1378 déjà trouvés par mon addition. Donc cette addition est juste, et c'est ce qu'il fallait démontrer.

D'un autre côté, chaque terme de la dernière colonne étant formé par l'addition des termes de la troisième et de la quatrième, il n'est pas moins évident que les sommes réunies de ces deux-ci, c'est-à-dire 1378 d'une part, et 23f,994 de l'autre, doivent donner, comme elles le font, le même total 1401f,994 de la dernière. Donc toutes les additions sont justes.

13. Actuellement, si l'on veut s'assurer, par une seule opération, de l'exactitude de tous les termes de la quatrième colonne, qui expriment l'intérêt dû à la fin de chaque semaine; comme ils sont tous formés les uns des autres, il suffit d'en vérifier le dernier 1f339, relatif à la 52e. semaine, en employant un procédé différent de celui qui nous a déjà servi à établir le même calcul.

Or, pour employer ce nouveau procédé, on n'a qu'à considérer que, d'après l'état de la question,

Le 1er. versement de	1 franc est passible de	52	semaines d'intérêt.
Le 2e.	1	51	*id.*
Le 3e.	1	50	*id.*

Et ainsi de suite; c'est-à-dire que le nombre de semaines d'intérêt dont chaque versement de 1 franc est passible, décroît graduellement d'une unité, à partir du premier versement jusqu'au cinquante-deuxième, pour lequel il n'est dû qu'une semaine d'intérêt. Ainsi, en sommant ces semaines, on trouvera un total de 1378, comme on trouve 1378 francs, pour la somme de la colonne des placemens effectués, par la raison toute simple qu'on ne fait que descendre, dans le premier cas, la même échelle que l'on remonte dans le second (*). Or, 1378 semaines font bien 9646 jours; d'où il résulte que l'intérêt dû à la fin de la cinquante-deuxième semaine, pour la totalité des versemens effectués, sera égal à celui de 52 francs sur le 1/52 de 9646 jours, soit 185 1/2 jours, ou bien à celui de 1 franc pendant 9646 jours. Or, 9646 divisés par 7200 (6) donnent pour quotient $1^{f},339$, résultat identiquement égal au précédent. Donc tout est juste dans la construction de ce tableau.

USAGE PUR ET SIMPLE DU TABLEAU A.

14. Si les dépôts hebdomadaires étaient de toute autre somme que de 1 franc, on en trouverait la valeur, après un nombre quelconque de semaines n'excédant pas un an, au moyen d'une simple multiplication, comme dans l'exemple suivant :

Exemple 1er.

15. *Jean a déposé 25 francs à la Caisse d'épargne pendant 20 dimanches de suite, combien lui revient-il à la fin de la 20e. semaine?*

Je me porte d'abord au nombre 20 de la colonne des semaines, et suis la ligne horizontale

(*) L'on peut se dispenser de faire cette addition, en considérant que le nombre de semaines dont chaque versement est passible forme une progression arithmétique décroissante, composée de 52 termes, dont le premier est 52, le dernier 1, et la raison régnante l'unité. Par conséquent, d'après ce que nous venons d'établir un peu plus haut, tout se borne à multiplier 53 par 52, et à prendre la moitié du produit 2756, qui est bien les mêmes 1378.

jusqu'à la colonne du total, où je trouve 20^{f}, 204 pour produit (*), et puis je dis :

Si 1 *franc a donné* 20^{f}, 204, *combien donneront* 25 *francs ?*

Le quatrième terme de cette proposition est 505^{f}, 10^{c}, nombre cherché, et qui s'obtient, comme on voit, par la simple multiplication de l'accroissement de 1 franc après 20 semaines, par 25 francs, attendu que le premier terme de cette règle de trois est l'unité.

La raison de cette manière d'opérer est fondée sur ce que, lorsque le temps et le taux d'intérêt sont les mêmes, les capitaux croissent proportionnellement. Et, comme toutes les questions de la même nature donneront lieu à une règle de trois semblable à la précédente, dont le premier terme sera invariablement l'unité, il en résulte la règle générale suivante :

16. *Pour connaître la valeur des dépôts de toute autre somme que de 1 franc, après un nombre quelconque de semaines, il suffit de multiplier ceux-ci par le produit qui, dans la colonne du total, répond dans celle des semaines au temps donné.*

(*) Nous prévenons, une fois pour toutes, que nous emploierons indifféremment l'un pour l'autre, les mots *produit*, *valeur*, *accroissement*, comme de parfaits synonymes dans leur application au cas spécial qui nous occupe.

Explication du tableau B.

17. La troisième colonne de ce tableau indique, comme on voit, l'intérêt dû, à la fin de chaque semaine, pour une somme de 1000 francs, placée, une fois pour toutes, à raison de 5 p. $\frac{0}{0}$ l'an, taux servant de base aux quatre tableaux A, B, C, D, dont nous nous occupons d'expliquer la construction. La quatrième et dernière colonne exprime l'accroissement total de cette somme à la même époque, c'est-à-dire qu'elle se compose de l'intérêt hebdomadaire augmenté du capital primitif de 1000 francs.

Cela posé, rien de plus simple que la construction d'un pareil tableau. En effet, l'intérêt de 1000 francs, pendant une semaine, étant de $\frac{1000 \times 7}{7200}$ ou de $\frac{7000}{7200}$ de franc (6), qui valent $0^f,972$ en décimales, il est évident que l'intérêt de la même somme, pendant 2 semaines ou 14 jours, sera de 2 fois $0^f,972$ qui font 1^f944; que l'intérêt, pendant 3 semaines, sera de 3 fois 0^f972 ou bien de 1^f944 plus 0^f972, ce qui fait également 2^f916 et ainsi de suite; c'est-à-dire que l'*intérêt actuel relatif à chaque semaine sera toujours égal au produit résultant de la multiplication de* $0^f,972$, *intérêt d'une semaine, par le nombre de celles écoulées depuis l'époque du premier place-*

ment ; ou, si l'on aime mieux, qu'il sera égal à l'intérêt précédent augmenté de 0^f972.

18. Cet intérêt de $0^f,972$ est assez approchant du véritable pour opérer ainsi. En effet, si l'on prend directement l'intérêt de 1000 francs pour 52 semaines, ou 364 jours par le procédé ordinaire, c'est-à-dire en multipliant d'abord 1000fr. par 364, et en divisant le produit 364000 par 7200 (6), on trouvera pour quotient $50^f,555$, résultat qui ne diffère de $50^f,544$, portés au tableau, que de 11 millièmes de franc, ou de 1 centime et $\frac{1}{10}$ de centime; différence qui ne mérite aucune considération, et qui vient de ce que le premier terme $0^f,972$ qui a servi de base au premier calcul, n'est pas rigoureusement juste.

Cette vérification de l'exactitude du dernier terme de la 3e. colonne, exprimant l'intérêt hebdomadaire, et que nous avons obtenue par un procédé différent de celui qui nous a déjà servi à établir le même calcul; cette vérification, disons-nous, prouve encore que tous les autres termes de cette 3e. colonne sont justes, attendu que nous avons eu la précaution de les former les uns des autres, c'est-à-dire, en composant successivement le produit actuel du produit précédent augmenté de $0^f,972$.

19. Comme nous ne poussons pas nos calculs au-delà de trois décimales, nous n'avons pas pu, dans ce tableau comme dans le précédent,

prendre 1 franc pour base, parce que l'intérêt de 1 franc, pour 7 jours, n'est que de $\frac{1}{7200}$ de franc¹, qui ne fait que 0f0009 en décimales. Voilà pourquoi précisément nous nous sommes arrêtés à une somme de 1000 fr.; ce qui, pour la simplicité du calcul, conserve le même avantage que l'unité, puisqu'il ne s'agit que de diviser les résultats par 1000; ce qui se borne à reculer la virgule de trois places sur la gauche.

20. Nous avons additionné les diverses colonnes de ce tableau dans le même but que celles du tableau précédent, c'est à-dire pour nous assurer qu'il n'y avait d'erreur d'addition nulle part. En effet, la somme de 1378 de la 2e colonne est nécessairement exacte, puisqu'elle est égale à celle de la 2e. colonne du tableau précédent, et que ces deux colonnes se composent absolument des mêmes nombres. D'un autre côté, la somme de 1339f,416 de la 3e. colonne, augmentée de 52000 francs, faisant 53339f,416, total égal à la somme de la 4e. colonne, c'est une preuve qu'il ne saurait y avoir d'erreur dans aucun des termes de cette dernière colonne, par la raison toute simple que chaque somme partielle de celle-ci se compose de chaque somme partielle de l'autre, plus, de 1000 fr., et qu'il y a en tout 52 termes : donc tout est juste dans la construction du tableau.

USAGE PUR ET SIMPLE DU TABLEAU B.

21. Si le placement, fait une fois pour toutes, était de toute autre somme que de 1000 francs, on en trouverait l'accroissement après un nombre quelconque de semaines, au moyen d'une simple règle de trois, comme dans l'exemple suivant.

Exemple.

22. *Quel sera l'accroissement de* 600 *francs après* 30 *semaines.*

Je me porte d'abord à la colonne des semaines au nombre 30, et suis la ligne horizontale jusqu'à la colonne du total, où je trouve 1029f,160 pour produit, et puis je dis :

Si 1000 *francs ont donné* 1029f,160, *combien donneront* 600 *francs.*

Le quatrième terme de cette proportion est 617f,49, nombre cherché, et que l'on obtient, comme on voit, en multipliant l'accroissement de 1000 francs après 30 semaines par 600 francs, et en divisant le produit 617496f,000 par 1000. Cette manière d'opérer est fondée absolument sur le même principe déjà exposé dans l'exemple précédent, c'est-à-dire, sur ce que les capitaux croissent proportionnellement lorsque le temps et le taux d'intérêt sont les mêmes. Donc de règle générale :

23. *Pour connaître l'accroissement de toute autre somme que de* 1000 *francs après un nombre quelconque de semaines, il faut multiplier la somme proposée par celle qui, dans la colonne du total, répond dans la colonne des semaines au temps donné, et diviser par* 1000 *le produit qui résulte de cette multiplication.*

Explication du tableau C.

24. La seconde colonne de ce tableau indique, comme on voit, le montant des dépôts effectués à la fin de chaque semestre ; la troisième la valeur à la même époque de leurs intérêts accumulés; et enfin la quatrième et dernière colonne, formées par l'addition des deux précédentes, fait connaître, semestre par semestre, la valeur totale de ces dépôts ainsi que de leurs intérêts accumulés : la troisième colonne ne se compose par conséquent que de la différence entre la deuxième et la quatrième.

Nous avons déjà vu, dans le tableau A, que 1 franc versé périodiquement tous les dimanches à la Caisse d'épargne, produisait à la fin du premier semestre 26^{f},341. Voilà donc ce produit relatif à chaque semestre courant connu une fois pour toutes, et qui va nous servir de point de départ. C'est pourquoi j'écris sur la ligne du premier semestre de la première année 26 francs dans la deuxième colonne, 0^{f},341 dans la troisième, et 26^{f},341 dans la dernière. Nous savons, en outre, que la Caisse d'épargne capitalise les intérêts tous les six mois aux époques des 30 juin et 31 décembre de chaque année. Cela posé, voici comment je raisonne pour continuer la construction de ce tableau, je dis :

A l'expiration du deuxième semestre de la première année, le déposant aura acquis, savoir :

1°. 26f,341, plus 0f,659 intérêt de 26f,341 pendant 6 mois (*).	27f.
2°. Pour le produit des dépôts périodiques du 2e. semestre, accrus de leurs intérêts simples.	26,341
Produit de 52 fr. à la fin de la 1re. année. . . .	53f,341

C'est-à-dire qu'avant d'avoir effectué le 53e. dépôt de 1 franc, la valeur des dépôts antérieurs, accrue de l'accumulation de leurs intérêts pendant la 1re. année, sera de 53f,341. C'est pourquoi j'écris sur la ligne du 2e. semestre de la 1re. année 52 fr. dans la 2e. colonne, 1f341 dans la 3e., et 53f,341 dans la dernière.

A l'expiration du 1er. semestre de la 2e. année, le déposant aura acquis, savoir :

1°. 53f,341 + 1f,334 intérêt de 53f,341 pendant six mois (**).	54f,675
2°. Pour le produit total des dépôts périodiques du semestre courant.	26f,341
Produit de 78 f. à la fin du 1er. semestre de la 2e. année.	81f,016

(*) Remarquez que, au taux actuel de 5 pour o/o l'an, l'intérêt de six mois étant de 2 1/2 p. o/o, qui sont la quarantième partie de 100, il suffit, pour avoir l'intérêt semestriel de 26 f. 341 ainsi que de toutes les autres sommes capitalisées, il suffit, dis-je, d'en prendre le quart, en gagnant une colonne de gauche à droite.

(**) Même remarque que la précédente, c'est-à-dire que pour avoir l'intérêt

C'est-à-dire qu'avant d'avoir effectué le 79e. dépôt de 1 franc, la valeur des dépôts antérieurs accrue de l'accumulation de leurs intérêts, pendant un an, sera de 81^{f},016. C'est pourquoi j'écris sur la ligne du 1er. semestre de la 2e. année, 78 dans la 2e. colonne, 3^{f},016 dans la 3e., et 81^{f},016 dans la dernière.

25. Je continue d'opérer de la même manière pour les semestres suivans, c'est-a-dire que l'*accroissement total, à la fin de chaque semestre, se compose de l'accroissement total précédent, augmenté, d'une part, de son intérêt simple pendant six mois, et de l'autre, de 26^{f},341. Alors la différence du total de ces trois sommes, avec le montant des dépôts effectués jusqu'alors, donne la valeur de l'accumulation des intérêts, portée dans la 3e. colonne*. C'est ainsi qu'à la 30e. année on arrive à un résultat définitif de 3582^{f},149, qui est le produit de 1560 fr. de dépôts seulement, lesquels ont laissé par conséquent, après cette époque, un intérêt total de 2022^{f},149, qui font environ 177 p. $\frac{0}{0}$.

26. L'addition de tous les résultats portés à ce tableau n'a pour objet, comme dans les tableaux précédens, que de prouver l'exactitude de chacun de ces résultats pris isolément.

---

de 53 f. 341 pendant six mois, il suffit d'en prendre le 1/4, en gagnant une colonne de gauche à droite.

En effet, le total général, à la fin de la 30e. année, étant de.	83649f, 872
J'ôte de ce total le résultat du 2e. semestre de la même année, qui est de.	3582, 149
Reste pour le total général, à la fin du 1er. semestre de la 30e. année.	80067f, 723
L'intérêt de ce capital, pendant le 2e. semestre de la même année, à 5 p. 0/0 l'an, est de.	2001, 693
La somme de tous les placemens, avec leurs intérêts simples, pendant chaque semestre, est de 60 fois 26f,341, c'est-à-dire de.	1580, 460
Total à la fin du 2e. semestre de la 30e. année, le même que celui porté au présent tableau, sauf une différence de 4 millièmes, résultant de fractions négligées dans les calculs de détail.	83649f, 876
Si, de ce total, j'ôte celui de tous les termes résultant des placemens effectués à la fin de la 30e. année, c'est-à-dire d'une progression arithmétique croissante, dont le premier terme est 26, le nombre de ces termes 60, la raison ou la différence commune est 26, et par conséquent, la somme de ces mêmes termes (*).	47580f, 00 0
Reste, à 4 millièmes près, pour fractions négligées, un total égal à celui des intérêts capitalisés, à la fin de la 30e. année, suivant la 3e. colonne de ce tableau.	36069f, 876

Or, puisque l'addition de tous les résultats, pendant chacun des 60 semestres portés dans ce tableau, présente des sommes égales, à 4 millièmes près provenant des fractions négligées, il est évident que chacun de ces résultats, pris isolément, doit être rigoureureusement exact, et c'est ce qu'il s'agissait de démontrer.

(*) Dans toute progression arithmétique croissante, un terme quelconque est composé du premier plus autant de fois la raison qu'il y a de termes avant lui; et la somme de tous les termes est égale à la moitié du produit de la somme des extrêmes, multipliée par le nombre de tous les termes.

USAGE PUR ET SIMPLE DU TABLEAU C.

27. Si les dépôts hebdomadaires étaient de toute autre somme que de 1 franc, on en trouverait également la valeur après un nombre quelconque juste d'années ou de semestres, au moyen d'une simple multiplication, comme dans l'exemple suivant :

Exemple.

28. *Jean veut déposer tous les dimanches* 12 *francs à la Caisse d'épargne pendant trois ans de suite, combien lui reviendra-t-il à la fin de la troisième année ?*

Je me porte d'abord à la 1re. colonne du tableau au 2e. semestre de la 3e. année, et suis la ligne horizontale jusqu'à la colonne du total, où je trouve 168f,260 pour produit, et puis je dis :

Si 1 *franc a donné* 168f,260 *combien donneront* 12 *francs ?*

Le quatrième terme de cette proportion est 2019f,12c. nombre cherché, et qui s'obtient, comme on voit, par la simple multiplication du produit de 1 franc après 3 ans par 12 francs; attendu que le premier terme de cette règle de trois est l'unité.

La raison de cette manière d'opérer est fondée sur ce principe invariable déjà établi dans l'exemple relatif à l'usage du tableau A, savoir, que *les capitaux croissent proportionnellement, lorsque le temps et le taux de l'intérêt sont les mêmes*. Et, comme toutes les questions de la même nature donneront lieu à une règle de trois semblable à la précédente, dont le premier terme sera invariablement l'unité, il en résulte la règle générale suivante :

29. *Pour connaître la valeur des dépôts de toute autre somme que de 1 franc, après un nombre quelconque juste d'années ou de semestres, il suffit de multiplier ladite somme par celle qui, dans la colonne du total, se trouve sur la ligne du semestre correspondant au temps donné.*

Formation du tableau D.

30. Ce tableau indiquant l'accroissement de la valeur de 1 franc à la fin de chaque semestre, rien de plus simple que sa construction dont voici l'explication :

Un franc placé le premier jour de l'année vaut	$1^f,0000$
Intérêts des 6 premiers mois de première année; faisant $2\frac{1}{2}$ p. $\frac{0}{0}$.	0,0250
Première capitalisation, deuxième placement.	$1^f,0250$

Report,	$0^f,0250$
Intérêts des 6 derniers mois de la première année,	$0^f,0256$
Deuxième capitulation, troisième placement,	$1^f,0506$
Intérêts du premier semestre de la 2e. année,	0,0262
Troisième capitalisation, quatrième placement,	$1^f,0768$
Intérêts du second semetre de la 2e. année,	0,0269
Accroissement après 4 semestres,	$1^f,1037$

Ainsi l'on voit que, *par la manière de calculer ce tableau, l'accroissement progressif de 1 franc à la fin de chaque semestre, est égal à l'accroissement précédent augmenté de* $2\frac{1}{2}$ *p.* $\frac{0}{0}$, *ou de sa* 40me *partie*. Voilà pourquoi j'ai abrégé le procédé ordinaire, en prenant successivement le $\frac{1}{4}$ de chaque somme capitalisée, que j'ai avancé de deux chiffres sur la droite, et le total de ces sommes ainsi disposées m'a donné un résultat égal à celui que j'aurais obtenu, en multipliant les accroissemens progressifs par $0^f,025$. Toutes les fois que le 4e. chiffre décimal a égalé ou surpassé 5, nous avons porté un millième de franc de plus. Au reste quoique, pour simplifier la démonstration de ce tableau, nous n'ayons fait figurer que 4 décimales, nous prévenons que nous en avons réellement employé huit dans sa construction, afin d'avoir des résultats plus exacts.

L'accroissement correspondant à la fin du 2e. semestre de la 36e année monte à 5^f^,917, c'est-à-dire que le capital primitif de 1 franc a presque sextuplé; car 6 francs ne surpassent 5^f^,917 que de 0^f^,083 de franc, lesquels sont précisément l'intérêt de cette dernière somme pendant 3 mois et 11 jours. Il résulte donc de ce calcul qu'une somme quelconque dont on capitaliserait les intérêts tous les 6 mois, au taux de 5 p. % l'an, s'extuplerait en 36 ans 3 mois et demi à peu près. Nous avons poussé ce tableau jusqu'à 36 ans, afin de mieux fixer l'attention de nos lecteurs sur la puissance prodigieuse de l'intérêt composé, qui a donné l'idée de s'en servir pour amortir les dettes publiques.

Ce tableau est auxiliaire des tableaux A et C.

31. Il faut remarquer que quoique le tableau D n'ait été construit que pour 36 ans, les élémens de sa formation le rendent susceptibles de recevoir une extension indéfinie, au moyen du principe suivant :

Pour avoir l'accroissement de 1 franc, après un nombre d'années au-dessus de 36 ans, il suffit de multiplier indistinctement l'un par l'autre deux termes de ce tableau, pourvu qu'ils correspondent à deux nombres d'années ou de semestres, dont la somme soit égale au nombre d'années ou de semestres demandés.

Ainsi, pour avoir l'accroissement de 1 franc au bout de 54 ans, par exemple, je puis prendre indifféremment les sommes 2^f^,433 et

5f,917, correspondant à 18 ans et 36 ans, ou bien celles 2f,685 et 5f,361, correspondant à 20 et à 34 ans, les multiplier entre elles, et j'aurai dans les deux cas les mêmes 14f,395 pour résultat.

De même, si je veux connaître l'accroissement de 1 franc au bout de 144 ans, je multiplie d'abord par lui-même le dernier terme 5f,917, accroissement de 1 franc après 36 ans, et le produit 35f,010 me donne l'accroissement relatif à 72 ans. Je carre encore ce dernier résultat 35f,010, et le produit 1225f,700, résultant de cette multiplication, me donne l'accroissement relatif à 1 franc après 144 ans, tel qu'on l'aurait trouvé sur notre tableau, s'il avait été poussé jusqu'à ce temps-là.

Cette méthode est fondée sur certaines propriétés des progressions géométriques qui servent de principe fondamental au calcul des logarithmes.

32. Actuellement nous pouvons nous assurer, par une seule opération, que les accroissemens de chaque semestre sont exacts, en appliquant le principe ci-dessus à la vérification de l'accroissement 5f,917 de la 36e. année. En effet, d'après ce principe, si je multiplie 1f,639 accroissement de 10 ans par 3f,611 accroissement de 26 ans, je dois nécessairement reproduire 5f,917, puisque 10 ans, plus 26 ans, font bien 36 ans. Or, la multiplication de 1f,639 par 3f,611 ne donne réellement pour produit que 5f 918, résultat qui ne diffère de 5f,917 que de un millième seulement, provenant des fractions négligées dans le détail des opérations. Donc chacun des accroissemens portés au tableau est exact, puisque, étant tous formés les uns des autres (30), si un seul s'était trouvé erroné, le dernier ne pourrait pas manquer de participer de cette erreur.

USAGE DU TABLEAU D.

33. Si le placement fait une fois pour toutes, était de toute autre somme que de 1 franc, on en trouverait l'accroissement après un nombre quelconque d'années ou de semestres (n'excédant pas 30 ans), au moyen d'une simple multiplication, comme dans l'exemple suivant :

Exemple.

34. *Quel sera l'accroissement de* 1500 *francs, au bout de* 3 *ans, ou, en d'autres termes, combien vaudront, après ce temps,* 1500 *francs, dont on capitaliserait les intérêts tous les* 6 *mois, à* 5 *p.* $\frac{0}{0}$ *l'an?*

Je me porte d'abord à la colonne des années au nombre 3, et au 2e. semestre de ladite année dans la colonne des accroissemens, où je vois que l'accroissement de 1 franc après 3 ans est de 1f,160, et puis je dis :

Si 1 *franc a donné* 1f,160, *combien donneront* 1500 *francs?*

Le quatrième terme de cette proportion est 1740 francs, nombre cherché, que l'on obtient, comme on voit, en multipliant tout simplement l'accroissement de 1 franc après 3 ans ou 6 semestres, par 1500 francs, attendu que le premier terme de cette règle de trois est l'unité.

La raison de cette manière d'opérer est toujours fondée sur le même principe exposé dans l'exemple du n° 15, c'est-à-dire sur ce que les capitaux croissent proportionnellement lorsque le temps et le taux d'intérêt sont les mêmes : donc de règle générale.

35. *Pour connaître l'accroissement d'une somme quelconque, après un certain nombre*

d'années ou de semestres, il suffit de multiplier la somme proposée par celle qui, dans la colonne des accroissemens, se trouve sur la ligne du semestre correspoadant au temps donné.

SECONDE PARTIE.

DU RÉSULTAT DES OPÉRATIONS DE LA CAISSE D'ÉPARGNE.

36. Jusqu'ici nous n'avons fait qu'indiquer l'usage pur et simple des divers tableaux, A, B, C et D. Quant aux deux tableaux auxiliaires B et D, nous n'avons rien à ajouter à ce que nous en avons dit. Mais quant aux deux autres, au tableau A par exemple, il faut remarquer qu'il ne peut suffire seul que lorsque les dépôts de 1 à 50 francs, continuent sans interruption par sommes égales pendant 1 an au plus. On ne peut employer non plus le tableau D seul que lorsque les dépôts continuent sans interruption par sommes égales, pendant un nombre juste d'années ou de semestres, n'excédant pas 30 ans (*).

Ainsi toutes les fois que les dépôts procèdent par sommes inégales, qu'ils sont accompagnés

(*) Nous répétons, à cette occasion, que quoique le tableau A ait pour auxiliaires les tableaux B et D, il devient pourtant lui-même l'auxiliaire du tableau C dans certains cas.

d'intermittence, et qu'ils embrassent une période de plusieurs années, la solution de ces sortes de questions, qui vont faire la matière de cette seconde partie, exige nécessairement l'usage combiné de deux, de trois ou même des quatre tableaux à la fois. Mais, avant tout, nous devons insister sur une observation essentielle qu'il faudra sans cesse avoir présente, parce quelle est propre à faciliter l'intelligence de ces problèmes très-compliqués de leur nature; voici cette observation : dans tout le cours des calculs qui vont suivre, il faut toujours faire abstraction, dans son esprit, des opérations de la Caisse d'épargne, consistant en achats de rentes sur l'État; il faut supposer, au contraire, qu'elle fait valoir les fonds des déposans d'une toute autre manière, et qu'elle n'a qu'une seule espèce de compte d'ouvert avec eux, celui en *numéraire*. Nous expliquerons plus tard comment, nonobstant cette supposition, les résultats de nos tableaux ne laissent pas que d'être exacts, ou que du moins ils sont resserrés entre des limites tellement voisines de la précision, qu'on peut s'y arrêter sans craindre aucun mécompte sensible.

Il faudra se rappeler aussi que la Caisse d'épargne comptant chaque année, pour sa durée réelle de 365 jours, qui comprennent 52 semaines, il en résulte qu'il y en a 13 dans trois mois, 26 dans six mois, et 39 dans 9 mois.

USAGE COMBINÉ DU TABLEAU A AVEC LES TABLEAUX B ET D.

37. Nous ferons remarquer d'abord que ce tableau, qui suppose le premier dépôt de 1 franc effectué le premier dimanche de janvier, et le dernier dépôt le dernier dimanche de décembre, fournira toujours des résultats également exacts, qu'elle que soit, d'ailleurs, la date à laquelle commenceront réellement ces dépôts, et lors même que le temps de leur durée traverserait les deux époques où la Caisse d'épargne capitalise les intérêts ; savoir : les 30 juin et 31 décembre.

Exemple 1er.

38. *Jean fait tous les dimanches des dépôts périodiques de 1 franc à la Caisse d'épargne pendant 9 mois de suite, composés de 39 semaines; mais il n'a commencé à effectuer son premier versement qu'au commencement d'avril et le 14e. dimanche de l'année, qu'elle est la somme à laquelle il a droit au bout de ces 9 mois ?*

Je cherche, d'abord, qu'elle est celle qui lui reviendrait s'il avait commencé à effectuer son premier dépôt le premier dimanche de janvier. Je me porte, à cet effet, à la 5e. colonne des semaines, au nombre 39, et je parcours la ligne horizontale jusqu'à la colonne du total, où je trouve 39f,758 pour résultat relatif à ma supposition. Je dis actuellement (et l'usage du même tableau va nous le prouver) que ce résultat est applicable à la question actuelle.

En effet, la Caisse devant capitaliser le 30 juin le produit des versemens faits par Jean pendant avril, mai et juin, j'en cherche d'abord la valeur à cette époque. Je me porte à cet effet, au nombre 13 de la colonne des semaines, et suis la ligne horizontale jusqu'à la colonne du total, où je trouve 13f,088, qui est bien la somme à capitaliser par la Caisse, et dont elle doit l'intérêt pendant les 6 mois qui complètent le temps de la durée totale des dépôts, qui est de 9 mois.

A la fin de ces 9 mois, finissant au 31 décembre, la Caisse devra donc à Jean; savoir :

1°. 13f,088 produit des dépôts périodiques des 3 premiers mois ;
2°. » 327 intérêts de 13f,088 pendant 6 mois (*) ;
3°. 26,341 produit des dépôts périodiques pendant les 6 derniers mois ;

39f,756.

On voit que ce résultat est égal au précédent à 2 millièmes de franc près, différence qui tient à

(*) Comme nous l'avons déjà remarqué précédemment, il suffit, pour avoir l'intérêt de 13f,088 pendant 6 mois, de prendre le 1/4 de cette somme en gagnant une colonne sur la droite.

l'emploi du calcul décimal, et qui ne mérite aucune considération.

Quant au produit des dépôts périodiques pendant les 6 derniers mois, porté sur la 3e. ligne, je l'ai puisé dans la colonne du total correspondant à la 26e. semaine du tableau A. Ainsi, je le répète, la méthode d'après laquelle est construit ce tableau, fait que l'époque du premier versement est une considération absolument nulle. Il suffit de s'attacher seulement au temps réel de la durée des versemens. Et, lorsqu'on l'aura déterminé, il sera beaucoup plus simple de transposer, par la pensée, la date du premier dépôt, et de supposer qu'il a réellement lieu le 1er janvier, point de départ du tableau A. Cette transposition de date aura l'avantage d'éviter toute confusion, et de rendre les idées plus nettes.

Exemple 2.

39. *Jean veut déposer 25 fr. à la Caisse d'épargne, pendant 20 dimanches de suite, et 10 fr. pendant les 15 dimanches suivans, combien lui reviendra-t-il à cette époque?*

N. B. *Il faut se rappeler, une fois pour toutes, que la Caisse tient compte de l'intérêt a partir du jour de chaque versement, et qu'elle les capitalise, tous les six mois, aux époques fixes des 30 juin et 31 décembre.*

La solution de cette question exige le concours des deux tableaux A et B. Mais remarquons, avant d'aller plus loin, que je ne précise aucune date pour le premier dépôt, parce que, comme je viens d'en fournir la preuve, c'est une circonstance absolument indifférente en elle-même, et sans aucune influence sur les résultats : il nous suffit d'être fixé, comme nous le sommes, sur la durée de ces dépôts. Opérons donc :

Depuis l'époque du premier dépôt, jusqu'à celle du retrait de tous les placemens, il doit s'écouler 35 semaines en tout. Par conséquent, la somme demandée se composera :

1°. De la valeur des dépôts de 25 fr. après 20 semaines, plus, de l'intérêt de cette valeur pendant les 15 semaines qu'ils doivent fructifier encore, et qui complètent le temps pendant lequel ces premiers placemens doivent séjourner à la Caisse ;

2°. De la valeur des dépôts de 10 fr., après 15 semaines, terme du retrait de tous les placemens.

Opération.

1°. La valeur de 25 francs après 20 semaines, (Tab. A) = 20f,204 × 25f = (16) 505f,10

L'accroissement de 505f,10 après 15 semaines,

$$\text{(Tab. B) (23)} = \frac{1014^f,580 \times 505^f,10}{1000} = \qquad 512^f,46$$

2°. La valeur des dépôts de 10 francs après 15 semaines, (Tab. A) (16) = 151,17

Total et réponse à la question, 663f,63

Il reviendra, comme l'on voit, à Jean, 663 fr. 63 cent.

Exemple 3.

40. *Jean veut déposer 25 fr. à la Caisse d'épargne pendant 20 dimanches de suite, et les laisser fructifier 22 semaines, combien lui reviendra-t-il à cette époque?*

La solution de cette question nécessite aussi le concours des tableaux A et B.

Depuis l'époque du premier dépôt jusqu'à celle du retrait des fonds, il doit s'écouler 20 semaines d'une part et 22 de l'autre, c'est-à-dire, 42 semaines en tout. Cela posé, la somme demandée se composera :

1°. De la valeur des dépôts de 25 fr. après 20 semaines;

2°. De l'intérêt de cette valeur pendant les 22 semaines qu'ils doivent fructifier encore, et qui complètent le temps, pendant lequel ces placemens doivent séjourner à la caisse.

Opération.

1°. La valeur de 25 fr., après 20 semaines.
(Tab. A) = 20f,204 × 25f = 505f,10 (16)
2°. L'accroissement de 505f,10 après 22 semaines,

$$\text{(Tab. B) (23)} = \frac{102^f,384 \times 505^f,10}{1000} = \qquad 515^f,90$$

Il reviendra, comme l'on voit, à Jean, 515f,90.

Exemple 4.

41. *Jean veut déposer* 10 *francs à la Caisse d'épargne pendant* 24 *dimanches de suite, suspendre tout dépôt pendant* 12 *semaines, et recommencer ensuite à verser* 15 *francs pendant* 16 *dimanches de suite, combien lui reviendra-t-il à cette époque ?*

Depuis l'époque du premier versement jusqu'à celle du retrait de tous les placemens, il se sera écoulé 24 semaines plus 12, plus 16, c'est-à-dire, 52 semaines en tout. Par conséquent la somme demandée se composera :

1°. De la valeur des dépôts de 10 francs après 24 semaines, plus de l'intérêt de cette valeur pendant les 28 semaines qu'ils doivent fructifier encore, et qui complètent le temps pendant lequel les premiers placemens doivent séjourner à la Caisse ;

2°. De la valeur des dépôts de 15 francs après 16 semaines.

Opération.

1°. La valeur de 10 francs après 24 semaines.

(Tab. A) (16) = 24f,278 × 10f = 242f,78.

L'accroissement de 242f,78 après 28 semaines,

(Tab. B) (23) = $\frac{1027^f,216 \times 242^f,78}{1000}$ = 249f,39

2°. La valeur de 15 francs après 16 semaines,

(Tab. A) (16) = 16f,132 × 156 fr. = 241,98

Total et réponse à la question, 491f,37

D'après le détail ci-dessus, l'on voit qu'il reviendra à Jean 491f,37.

Exemple 3.

42. *Jean veut déposer 12 francs à la Caisse d'épargne pendant 18 dimanches de suite, suspendre tout dépôt pendant 16 dimanches, recommencer à verser ensuite 20 francs pendant 22 dimanches de suite, et laisser fructifier le tout pendant deux ans encore ; combien lui reviendra-t-il à cette époque?*

Depuis l'époque du premier versement jusqu'à celle du retrait de tous les placemens, il doit s'écouler en tout, suivant la récapitulation suivante, 2 ans 9 mois et 11 semaines, soit 2 ans et 50 semaines.

Ans.	Semaines.	
»	18	durée des dépôts de 12 francs.
»	16	intervalle d'interruption.
»	22	durée des dépôts de 20 francs.
2	»	intervalle entre la cessation absolue des dépôts et l'époque finale de leur retrait.
2 ans	56 semaines.	

La somme demandée se composera donc :

1°. De la valeur des dépôts de 12 francs après 18 semaines, plus des intérêts composés de cette valeur pendant 2 ans et 38 semaines qu'ils doivent fructifier encore, et qui complètent le temps pendant lequel ces premiers placemens doivent séjourner à la Caisse ;

2°. De la valeur de 20 francs après 22 semaines, plus des intérêts composés de cette valeur pendant les 2 ans qu'ils doivent fructifier encore, époque finale du retrait de tous les placemens.

La solution de cette question exige le concours des tableaux A, B et D, attendu que les fonds ont séjourné plus d'un an en tout à la Caisse.

Opération.

1°. La valeur de 12 francs après 18 semaines (Tab. A) (16) = $18^{f},166 \times 12^{f}$ =	$217^{f},99$	
L'accroissement de $217^{f},99$ après 2 ans (Tab. D) (35) = $1^{f},104 \times 217^{f},99$ =	240,66	$490^{f},21$
L'accroissement de $240^{f},66$ après 38 semaines (Tab. B) = (23) $\frac{1036^{f},936 \times 240^{f},66}{1000}$ =	249,55	
2°. La valeur de 20 francs après 22 semaines (Tab. A) (16) = $22^{f},246 \times 20^{f}$ =	444,92	936,11
L'accroissement de $444^{f},92$ après 2 ans (Tab. D) (35) = $1^{f},104 \times 444^{f},92$ =	491,19	
Total et réponse à la question,		$1426^{f},32$

D'après le détail ci-dessus de l'opération, l'on voit qu'il reviendra à Jean $1426^{f},32$.

Si les intermittences entre les dépôts étaient plus fréquentes, soit qu'ils procédassent ou non par sommes égales, l'opération en deviendrait d'autant plus longue, il est vrai, mais la question n'en serait pas moins soluble pour cela, au moyen de l'usage combiné des trois tableaux A, B et D.

USAGE COMBINÉ DU TABLEAU C AVEC LES TABLEAUX A, B et D.

43. Le tableau A, même combiné avec l'usage des tableaux B et D, n'est applicable qu'au cas où la continuité des dépôts n'excède pas un an. Le tableau C, au contraire, embrasse une période de 30 ans. Quoique, comme le tableau A, il suppose le premier dépôt effectué le premier dimanche du mois de janvier, ses résultats s'appliquent également aux cas où ces dépôts commenceraient un dimanche quelconque de l'année. En effet, quelle que soit la date de ce premier versement, il est évident que, pour compléter l'année, il faut toujours se transporter au même quantième de l'année suivante, et ainsi de suite pour un nombre quelconque d'années. Comme cette remarque est très-importante, nous allons l'appuyer d'une preuve matérielle qui parlera aux yeux.

Exemple 6.

44. *Jean veut déposer 1 franc tous les dimanches à la Caisse d'épargne, à partir du premier dimanche d'avril 1826, jusqu'à la fin du mois de septembre 1827, combien lui reviendra-t-il à cette époque ?*

Depuis l'époque du premier dépôt jusqu'à celle du retrait de tous les placemens, il doit s'écouler 18 mois justes, soit trois semestres. Or, le tableau C m'indiquant que l'accroissement total d'un dépôt de 1 franc, commencé le premier dimanche de janvier, et continué régulièrement pendant trois semestres consécutifs s'élève à 81^{f},016, je dis que je dois avoir le même résultat dans la question actuelle, malgré que la date du premier versement soit différente, attendu que le temps est le même de part et d'autre, et en voici la preuve.

Le tableau A nous apprend qu'un dépôt périodique de 1 franc continué tous les dimanches pendant 3 mois ou 13 dimanches, produit 13^{f},088 au bout de ce temps ; le déposant, dans l'hypothèse actuelle, aura donc acquis 13^{f},088 le 30 juin 1826 ; et comme c'est l'une des deux époques à laquelle la Caisse d'épargne règle et capitalise les intérêts, il en résulte que celui-ci aura acquis, savoir :

A l'expiration de l'année 1826,

1°. 13f,088 plus 0f,327, intérêt de 13f,088 pendant les 6 derniers mois 1826 (*), 13f,415

2°. Pour le produit des dépôts périodiques pendant *idem*, 26,341

Produit de 39 francs à la fin de l'année 1826, 39f,756.

A l'expiration du 1er. semestre 1827, le déposant aura acquis,

1°. 39f,756 plus 0f993 intérêt de 39f756 pendant le 1er. semestre de 1826, 40,749

2°. Pour le produit des dépôts périodiques pendant le 1er. semestre de 1827, 26,341

Produit de 65 francs à la fin du 1er. semestre 1827, 67,090

A l'expiration des 9 premiers mois 1827, le déposant aura acquis, savoir :

1°. 67f,090; plus 0f,838 intérêts de 67f,090 pendant les 3 premiers mois du 2e. semestre 1827; ci (**) 67f,928

2°. Pour le produit des dépôts périodiques pendant *idem*, 13,088

Produit de 78 francs à la fin des 9 premiers mois 1827, 81f,016

L'on voit par le calcul précédent, qu'à la fin des 9 premiers mois 1827, lesquels, réunis aux 9 derniers de l'année 1826, complètent les 18 mois pendant lesquels ont été continués les dépôts, l'on voit, dis-je, qu'à ladite époque, l'accroissement total est de la même somme que celle qui, dans le tableau C, correspond au troi-

(*) Ne perdons pas de vue la remarque faite dans un des chapitres précédens; c'est que, pour avoir l'intérêt de 13f,088 pour 6 mois au taux actuel de 5 p. 0/0, il suffit de prendre le 1/4 de cette somme, en gagnant une colonne sur la droite.

(**) Trois mois à 5 p. 0/0 l'an, faisant 1 1/4 p. 0/0, qui sont la 80e. partie de 100, il suffit, pour avoir l'intérêt de 67f,090 pour ces 3 mois, d'en prendre le 1/8, en gagnant une colonne sur la droite.

sième trimestre, c'est-à-dire, que cet accroissement est dans l'un et l'autre cas de 81f,016, comme il s'agissait de le prouver.

Exemple 7e.

45. *Jean veut faire tous les dimanches des dépôts périodiques de 40 francs, pendant 4 ans et 9 mois, combien lui reviendra-t-il à cette époque?*

Remarquez que je ne précise aucune date pour le premier dépôt, parce que, comme je viens de le prouver, c'est une considération absolument nulle; il suffit de s'attacher seulement au temps réel de la durée de ces versemens. Ainsi, lorsqu'on l'aura déterminé, il sera beaucoup plus simple de transposer par la pensée la date du premier dépôt et de supposer qu'il a réellement lieu le 1er. janvier, point de départ du tableau C. Cette transposition de date aura l'avantage d'éviter toute confusion, et de rendre les idées plus nettes.

Toutes les fois que, comme dans la question actuelle, les dépôts auront été continués au-delà d'un nombre juste de semestres, il faudra le concours du tableau A pour déterminer la valeur relative au surcroît de temps. D'un autre côté, comme la Caisse règle et capitalise les intérêts tous les 6 mois, il résulte de là qu'il faut scinder l'opération en conséquence, et que le concours du tableau B devient aussi indispensable.

Depuis l'époque du premier dépôt jusqu'à celle

du retrait de tous les placemens, il doit s'écouler 4 ans et 9 mois, c'est-à-dire, 9 semestres plus 3 mois qui font 13 semaines; par conséquent, la somme demandée se composera dans l'hypothèse actuelle :

1°. De la valeur des dépôts de 40 francs après 4 ans et demi, plus de l'intérêt de cette valeur pendant les 3 mois qu'ils doivent fructifier encore, et qui complètent le temps pendant lequel ces placemens doivent séjourner à la Caisse.

2°. De la valeur des dépôts de 40 francs après 3 mois qui complètent le temps de la durée totale de ces dépôts.

Opération.

1°. La valeur de 40 francs après 4 ans et demi (Tab. C) (29) = $262^f,213 \times 40^f = 10488^f,52$.

L'accroissement de $10488^f,52$ après 13 semaines

(Tab. B) (23) $= \dfrac{10488^f,52 \times 1012^f,636}{1000} =$ $10621^f,15$

2°. La valeur de 40 fr. après 13 semaines

(Tab. A) (16) $= 13^f,088 \times 40 =$ 523,52

Total et réponse à la question, $11144^f,67$

D'après le détail de l'opération ci-dessus, on voit qu'il reviendra à Jean $11144^f,67$.

46. Si, au lieu de scinder l'opération, comme je viens de le faire, je m'étais contenté de prendre purement et simplement,

1°. La valeur de 40 fr. après 4 ans et demi (Tab. C)	$10488^f,52$
2°. La valeur de 40 fr. après 13 semaines (Tab. A),	523,52
J'aurais trouvé pour résultat définitif,	$11012^f,04$

qui, comparé au résultat précédent 11144^f,67, offre une différence en moins de 132^f,63, laquelle est précisément l'intérêt de 10488^f,55 pendant 13 semaines. Car si l'on multiplie cette dernière somme par 12^f,636, intérêt de 1000 francs après ledit temps (T. B.), et qu'on divise le produit par 1000, on trouvera pour quotient 132^f,54, qui ne diffère de 132^f,63 que de 9 centimes seulement. On aurait donc commis une erreur de 132^f,63, si l'on n'avait pas scindé l'opération, selon que l'exige l'emploi du tableau C, toutes les fois que les dépôts sont continués au-delà d'un nombre juste de semestres, attendu que la Caisse règle et capitalise les intérêts tous les 6 mois.

Lorsque les dépôts procéderont par sommes inégales, on se conduira comme dans l'exemple suivant :

Exemple 8e.

47. *Jean veut faire des dépôts périodiques de 30 francs par dimanche, pendant un an de suite, et puis de 18 francs pendant les 6 mois suivans, combien lui reviendra-t-il à cette époque ?*

Depuis l'époque du premier dépôt jusqu'à celle du retrait de tous les placemens, il doit s'écouler un an et demi ; la somme demandée se composera donc ;

1°. De la valeur des dépôts de 30 francs après

un an, plus de l'intérêt de cette valeur pendant les 6 mois, ou 26 semaines qu'ils doivent fructifier encore, et qui complètent le temps pendant lequel ces premiers placemens doivent séjourner à la Caisse.

2°. De la valeur des dépôts de 18 fr., après 26 semaines.

Opération.

1°. La valeur des dépôts de 30 fr. après un an (Tab. C) (29) = 53f,341 × 30 = 1600f,23

L'accroissement de 1600f,23 après six mois

(Tab. D) (35) = $\frac{1600^f,23 \times 1^f,025}{1000}$ = 1640f,23

2°. La valeur de 18 fr. après 6 mois

(Tab. A) (16) = 26f,341 × 18 = 474,14

Total et réponse à la question, 2114f,37

Exemple 9.

48. *Jean veut faire tous les dimanches des dépôts périodiques de 30 fr., pendant un an de suite, puis de 18 fr. pendant 6 mois, et laisser ensuite fructifier le tout pendant 4 ans, combien lui reviendra-t-il à cette époque ?*

Depuis l'époque du premier dépôt jusqu'à celle du retrait de tous les placemens, il doit s'écouler un an, plus 6 mois, plus 4 ans, c'est-à-dire, 5 ans et demi en tout ; par conséquent, la somme demandée se composera :

1°. De la valeur des dépôts de 30 fr. après un

an, plus des intérêts composés de cette valeur, pendant les quatre ans et demi que lesdits dépôts doivent fructifier encore, et qui complètent le temps pendant lequel ces premiers placemens doivent séjourner à la Caisse ;

2°. De la valeur des dépôts de 18 fr. après 6 mois ; plus des intérêts composés de cette valeur, pendant les 4 ans que lesdits dépôts doivent fructifier, et qui complètent le temps pendant lequel ces nouveaux dépôts doivent séjourner à la Caisse; car il est évident que ceux-ci doivent y séjourner 6 mois de moins que les précédens.

Opération.

1°. La valeur des dépôts de 30 fr. après un an	
(Tab. C) (29) = 53f,341 × 30 = 1600f,23	
L'accroissement de 1600f,23 après 4 ans et demi	
(Tab. D) (35) = 1600f,23 × 1f,249 =	1998f,69
2°. La valeur de 18 fr. après six mois	
(Tab. A) (16) = 26f,341 × 18 = 474f,14	
L'accroissement de 474f,14 après 4 ans	
(Tab. D) (35) = 474f,14 × 1f,219 =	577,98
Total et réponse à la question,	2576f,67

Exemple 10.

49. *Jean veut faire des dépôts à la Caisse d'épargne, de la manière suivante ; savoir :*

1°. *De 30 francs tous les dimanches pendant un an de suite ;*

2°. *De* 40 *fr.* idem *pendant le premier semestre de la seconde année;*

3°. *De* 50 *fr.* idem *pendant les* 6 *mois suivans;*

Et puis il veut laisser fructifier le tout pendant cinq ans de suite, combien lui reviendra-t-il à cette époque?

Depuis l'époque du premier dépôt jusqu'à celle du retrait de tous les placemens, il doit s'écouler 7 ans en tout, suivant la récapitulation suivante; savoir :

1an	»mois	durée des dépôts de 30 francs.
»	6	*idem* de ceux de 40
»	6	*idem* de 50
5	»	intervalle entre la cessation absolue des dépôts et l'époque finale de leur retrait.
7ans	»mois	

Par conséquent la somme demandée se composera;

1°. De la valeur des dépôts de 30 francs après un an, plus des intérêts composés de cette valeur pendant les 6 ans que lesdits dépôts doivent fructifier encore, et qui complètent le temps pendant lequel ces premiers placemens doivent séjourner à la Caisse.

2°. De la valeur des dépôts de 40 francs après 6 mois, plus des intérêts composés de cette valeur pendant les 5 ans et demi que lesdits dépôts doivent fructifier encore, et qui complètent le temps pendant lequel ces seconds placemens doivent séjourner à la Caisse ; car il est évident que ces derniers doivent y séjourner 6 mois de moins que les précédens, et par conséquent 5 ans et demi au lieu de 6.

3°. De la valeur des dépôts de 50 francs après 6 mois, plus des intérêts composés de cette valeur pendant les 5 ans que lesdits dépôts doivent fructifier encore, et qui complètent le temps pendant lequel ces troisièmes placemens doivent séjourner à la Caisse ; car il est évident que ceux-ci doivent y séjourner 6 mois de moins que les précédens de 40 francs, et par conséquent 5 ans, au lieu de 5 ans et demi.

Opération.

1°. La valeur des dépôts de 30 fr. après un an	
(Tab. C) (29) = $53^{f},341$ × 30 = $1600^{f},23$	
L'accroissement de $1600^{f},23$ après 6 ans	
(Tab. D) (35) = $1600^{f},23$ × $1^{f},345$ =	$2152^{f},31$
2°. La valeur de 40 fr. après 6 mois	
(Tab. A) (16) = $26^{f},341$ × 40 = 1053,64	
L'accroissement de $1053^{f},64$ après 5 ans et demi	
(Tab. D) (35) = $1053^{f},64$ × 1,312 =	1382,38
3°. La valeur de 50 francs après 6 mois	
(Tab. A) (16) = $26^{f},341$ × 50 = 1317,05	
L'accroissement de $1317^{f},05$ après 5 ans	
(Tab. D) (35) = $1317^{f},05$ × 1f,280 =	1685,82
Total et réponse à la question,	$5220^{f},51$

50. Actuellement, si l'on veut vérifier l'exactitude de ce résultat, et s'assurer que $5220^{f},51$ est bien la somme qui revient à Jean, il n'y a qu'à envisager la même question sous un autre point de vue,

et chercher d'abord quelle est la somme qui lui reviendrait s'il voulait retirer tous ses dépôts 6 mois après avoir effectué les derniers de 50 fr., et augmenter ensuite cette somme de ses intérêts composés pendant les 5 ans que lesdits dépôts devaient fructifier dans l'hypothèse précédente. Si la première opération est juste, ce nouveau mode de solution, qui ne change rien au fond des choses, devra nous donner nécessairement les mêmes 5220f,51 pour résultat.

Dans l'hypothèse actuelle, c'est-à-dire, d'après la supposition du retrait de tous les placemens, 6 mois après avoir effectué ceux de 50 fr., il ne devra s'écouler que 2 ans en tout, entre cette dernière époque et celle où aura commencé le premier versement de 30 francs.

Opération.

1°. La valeur de 30 francs après un an (Tab. C) (29) = 53f341 × 30 = 1600f,23	
L'accroissement de 1600f,23 après un an (Tab. D) (35) = 1600f,23 × 1,051 =	1681f,84
2°. La valeur de 40 francs après six mois (Tab. A) (16) = 26f,341 × 40 = 1053,64	
L'accroissement de 1053f,64 après 6 mois (Tab. D) (29) = 1053f,64 × 1,025 =	1079,98
3°. La valeur de 50 francs après six mois (Tab. A) (16) = 26f,341 × 50 =	1317,05
Valeur totale des divers dépôts, 2 ans après l'époque du premier versement,	4078f,87
4°. Les intérêts composés de 4078f,87 après 5 ans (Tab. D) (35) = 4078,87 × 1,280 =	1141,88
Total,	5220f,75

L'on voit que le résultat actuel 5220f,75 ne diffère du précédent 5220f,51. que de 24 cent. seulement; différence qui provient de ce que le tableau D n'étant poussé que jusqu'à trois décimales, et que la dernière étant augmentée d'une unité chaque fois que le 4e. chiffre décimal égalait ou surpassait 5, il résulte de-là qu'on ne saurait jamais avoir de résultats identiques, lorsqu'on veut y arriver par deux manières d'opérer qui, quoique les mêmes dans le fonds, diffèrent pourtant dans la forme; c'est-à-dire lorsque, pour prendre l'intérêt d'un nombre déterminé d'années, on veut obtenir cet intérêt par une opération composée au lieu d'une opération simple et directe. Mais ces différences seront toujours si légères dans leur application spéciale à la Caisse d'épargne, qu'elles peuvent être considérées comme non avenues.

Exemple 11.

51. *Jean veut faire des dépôts à la Caisse d'épargne de la manière suivante, savoir:*

1°. *De* 25 *francs tous les dimanches pendant* 2 *ans et* 36 *semaines, soit* 2 *ans et demi, plus* 10 *semaines, et suspendre ensuite tout dépôt pendant* 15 *semaines;*

2°. *Recommencer à verser* 20 *francs pendant* 3 *mois ou* 13 *semaines, et puis laisser fructifier le tout pendant* 1 *an.*

Combien lui reviendra-t-il à cette époque.

Depuis l'époque du premier versement jusqu'à celle du retrait de tous les placemens, il doit s'écouler en tout 4 ans 12 semaines, selon la récapitulation suivante; savoir :

2ans	36sem.	durée des dépôts de 25 francs.
»	15	intervalle d'interruption.
»	13	durée des dépôts de 20 francs.
1	»	intervalle entre la cessation absolue des dépôts et l'époque finale de leur retrait.
4ans	12sem. (*)	

(*) Chaque année se composant de 52 semaines, les 64 semaines donnent un an plus 12 semaines; voilà pourquoi j'ai posé 12 dans la colonne des semaines, et retenu 1 pour l'ajouter aux années.

D'abord, il faut remarquer qu'ici, comme dans l'exemple 7e., les dépôts de 25 francs ayant été continués au-delà d'un nombre juste de semestres (10 semaines de plus), la capitalisation des intérêts qui a précisément lieu tous les 6 mois, exige qu'on scinde l'opération en conséquence. Ainsi, la somme demandée se composera;

1°. De la valeur des dépôts de 25 francs après 2 ans et 26 semaines, soit 2 ans et demi, plus des intérêts composés de cette valeur pendant 1 an et 38 semaines, qui, ajoutés à 2 ans et 26 semaines, font en tout 3 ans et 64 semaines, soit 4 ans et 12 semaines, temps égal à celui que nous a donné la récapitulation ci-dessus;

2°. De la valeur de ces mêmes dépôts de 25 fr. après 10 semaines, complément du temps de leur durée; car ils doivent continuer pendant 2 ans et 36 semaines, au lieu de 2 ans 26 semaines seulement que comprend le calcul précédent;

3°. Des intérêts composés de cette valeur pendant 1 an et 28 semaines, temps pendant lequel ces dépôts doivent s'éjourner à la Caisse;

4°. Enfin, de la valeur des dépôts de 20 francs, après 3 mois ou 13 semaines, plus des intérêts composés de cette valeur pendant 1 an.

Opération.

1°. La valeur de 25 francs après 2 ans et demi
(Tab. C) (29) = $138^{f},458 \times 25 = 3461^{f},45$

L'accroissement de $3461^{f},45$ après 1 an
(Tab. D) (35) = $3461^{f},45 \times 1^{f},051 = 3637^{f},98$

L'accroissement de $3637^{f},98$ après 38 semaines
(Tab. B) (23) = $\frac{3637,98 \times 1036^{f},936}{1000} =$ $3772^{f},35$

2°. La valeur de 25 francs après 10 semaines
(Tab. A) (16) = $10^{f},053 \times 25 = 251^{f},33$

L'accroissement de 251,33 après 1 an
(Tab. D) (35) = $251^{f},33 \times 1^{f},051 = 264^{f},15$

L'accroissement de $264^{f},15$ après 28 semaines
(Tab. B) (23) = $\frac{264^{f},15 \times 1027^{f},216}{1000} =$ 271,34

3°. La valeur de 20 francs après 13 semaines
(Tab. A) (16) = $13^{f},088 \times 20 = 261^{f},76$

L'accroissement de $261^{f},76$ après 1 an
(Tab. D) (35) = $261,76 \times 1^{f},051 =$ 275,11

Total et réponse à la question, $4318^{f},80$

52. Si je n'avais pas scindé, comme je viens de le faire, l'opération du premier membre de la question, et que je me fusse contenté de chercher l'accroissement pur et simple, après un an et 28 semaines de $3712^{f},78$, valeur des dépôts de 25 fr. après 2 ans et 36 semaines, j'aurais trouvé $4008^{f},33$ (Tab. D et B) pour ledit accroissement. Et, en ajoutant à ce produit $275^{f},11$ pour celui du second membre de la question, mon résultat définitif eût été de $4283^{f},44$ qui, comparé au résultat précédent $4318^{f},80$, offre une

différence en moins de $35^{f},36$, laquelle est précisément l'intérêt, pendant 10 semaines ou 70 jours, de $3461^{f},45$, valeur des dépôts de 25 francs au bout de 2 ans et demi (*) ; intérêt que j'aurais négligé, si je n'avais pas opéré comme je l'ai fait d'abord.

Exemple 12.

53. *Jean veut faire des dépôts à la Caisse d'épargne de la manière suivante, savoir :*

1°. *De* 30 *fr. tous les dimanches pendant un an de suite ;*

2°. *De* 40 *fr. pendant les* 36 *dimanches suivans, et suspendre ensuite tout dépôt pendant* 30 *semaines ;*

3°. *Recommencer de nouveau à déposer* 50 *fr. pendant* 40 *dimanches de suite, et enfin laisser fructifier le tout pendant* 5 *ans de suite ;*

Combien lui reviendra-t-il à cette époque ?

Depuis l'époque du premier dépôt jusqu'à celle du retrait de tous les placemens, il doit s'écouler en tout 8 ans et 2 semaines, selon la récapitulation suivante :

(*) L'intérêt rigoureux de 3461f, 45 pendant 10 semaines ne serait que de 33 fr. 65, puisqu'il serait le résultat (Tab. B) de $\frac{3461^{f},45 \times 9^{f},720}{1000}$, et présenterait avec $35^{f},36$ une différence de $1^{f},71$, qui vient de la manière différente dont on s'est servi du Tableau D.

1an	» sem.	durée des dépôts de 30 francs.
»	36	*idem* 40
»	30	intervalle d'interruption.
»	40	durée des dépôts de 50 francs.
5	»	intervalle entre la cessation des dépôts et l'époque finale de leur retrait.
8ans	2sem. (*)	

Par conséquent, la somme demandée se composera,

1°. De la valeur des dépôts de 30 fr. après un an, plus des intérêts composés de cette valeur pendant les 7 ans et 2 semaines qu'ils doivent fructifier encore, et qui complètent le temps pendant lequel ces premiers placemens doivent séjourner à la Caisse;

2°. De la valeur des dépôts de 40 fr. après 36 semaines, plus des intérêts composés de cette valeur, pendant les 6 ans 18 semaines qu'ils doivent fructifier encore, et qui complètent le temps pendant lequel ces seconds placemens doivent séjourner à la Caisse; car il est évident que les premiers doivent y séjourner autant que les seconds; plus les 36 semaines pendant lesquelles ceux-ci s'effectuent : or, en retranchant 36 semaines de 7 ans 2 semaines, il reste bien les mêmes 6 ans 18 semaines;

(*) Cinquante-deux semaines font un an, donc 106 semaines font 2 ans plus 2 semaines; voilà pourquoi j'ai posé 2 à la colonne des semaines, et retenu 2 unités pour les ajouter au nombre des années.

3°. De la valeur des dépôts de 50 fr. après 40 semaines, plus des intérêts composés de cette valeur pendant les 5 ans qu'ils doivent fructifier encore, et qui complètent le temps pendant lequel ces troisièmes dépôts doivent séjourner à la Caisse ; car il est clair que les précédens doivent y séjourner autant que ceux-ci plus les 30 semaines d'intervalle d'une part, et les 40 de l'autre, pendant lesquelles s'effectuent ces dépôts de 50 fr. ; c'est-à-dire, qu'ils doivent y séjourner 70 semaines de plus : or, en retranchant 70 semaines de 6 ans 18 semaines, il reste bien 5 ans.

Opération.

1°. La valeur des dépôts de 30 francs après un an

(Tab. C) (29) = 53f,341 × 30 = 1600f,23

L'accroissement de 1600,23 après 7 ans

(Tab. D) (35) = 1600f,23 × 1f,413 = 2261f,12

L'accroissement de 2261,12 après 2 semaines

(Tab. B) (23) = $\frac{2261^f,12 \times 1001^f,944}{1000}$ = 2265f,52

2°. La valeur de 40 francs après 36 semaines

(Tab. A) (16) = 36f,647 × 40 = 1465f,88

L'accroissement de 1465,88 après 6 ans

(Tab. D) (35) = 1465,88 × 1f,345 = 1971f,61

L'accroissement de 1971f,61 après 18 semaines

(Tab. B) (23) = $\frac{1971^f,61 \times 1017^f,496}{1000}$ = 2006,11

3°. La valeur de 50 francs après 40 semaines

(Tab. A) (16) = 40f,797 × 50 = 2039f,85

L'accroissement de 2039,85 après 5 ans

(Tab. D) (35) = 2039,85 × 1f,280 = 2611,00

Total et réponse à la question, 6882f,63

54. Il est facile de juger d'après les derniers exemples que, dans l'usage combiné des quatre tableaux A, B, C et D, l'on doit trouver la solution de tous les problèmes relatifs aux intermittences des dépôts, même lorsqu'ils procèdent par sommes inégales, et qu'elle que soit d'ailleurs l'époque du premier versement. Seulement l'opération devient d'autant plus longue et plus compliquée que ces intermittences sont plus fréquentes. Au reste, la pratique ordinaire exclut ces questions embarrassées qui sont, en quelque sorte, de pure spéculation, et se borne à des cas beaucoup plus simples. C'est particulièrement pour exercer le lecteur que nous avons ainsi agrandi le cercle des difficultés, et pour lui rendre d'autant plus aisées les opérations habituelles.

DU DEGRÉ D'EXACTITUDE DES RÉSULTATS QU'OFFRE L'USAGE COMBINÉ DES QUATRE TABLEAUX PRÉCÉDENS, EU ÉGARD AUX OPÉRATIONS DE LA CAISSE D'ÉPARGNE RELATIVES AUX ACHATS DE RENTE.

55. Nous avons avancé que les résultats de nos tableaux étaient d'une exactitude suffisante pour la pratique, nonobstant les achats faits par la Caisse d'épargne, en 5 p. $\frac{0}{0}$, lorsque l'intérêt fixé par elle était à ce même taux de 5 p. $\frac{0}{0}$ qui sert de base au calcul de nos quatre tableaux, et en voici la raison.

Puisque les 5 p. $\frac{0}{0}$ sont constitués au denier 20, et que le gouvernement en sert ponctuellement la rente tous les 6 mois, il est évident que tant que la Caisse achetera les effets publics au pair, c'est-à-dire de 100 francs à 102 francs 50 c. selon l'époque du semestre à laquelle auront lieu ces achats, il est évident, dis-je, que les résultats de nos tableaux seront très-exacts (*). Ils ne commenceront donc à s'écarter de la réalité que lorsque ces achats s'opéreront au-dessus ou au-dessous du pair. De ce moment, il y aura nécessairement perturbation dans le système qui a présidé à la construction de nos tableaux, puisqu'il y aura deux taux d'intérêt différens qui agiront en même temps; l'un, celui reconnu par la Caisse, qui porte sur les sommes en numéraire; l'autre, celui résultant du prix d'achat des rentes sur l'Etat qui affecte toutes les valeurs de cette dernière espèce. Il résulte de-là que l'accroissement marchera alors, suivant une double progression ou une progression composée.

Pour rendre ceci plus sensible par un exemple, supposons que, pendant la même année que la Caisse d'épargne reconnaît l'intérêt à 5 p. $\frac{0}{0}$, elle ait acheté les effets publics au prix moyen de

(*) Du moins ils ne différeraient des résultats rigoureux que d'une différence si légère qu'il ne vaut pas la peine d'en parler; celle relative aux frais de courtage, qui sont à la charge des déposans.

105f,25, rapporté à l'ouverture du semestre. Alors le taux d'intérêt sur la portion acquise en rentes ne serait plus que de 4 ¾ p. %, au lieu de 5 (*), puisque 105f,25 ne rapporteraient que 5 francs, tandis qu'ils devraient rapporter 5f,25. Le taux moyen d'intérêt, tant sur la portion en numéraire que sur la portion en rentes, composant l'avoir de chaque titulaire sera donc moindre que 5, mais supérieur à 4 ¾, c'est-à-dire qu'il sera compris entre ces deux limites, et que l'intérêt primitif ne sera pas réduit, par conséquent, de $\frac{1}{20}$ p. %; car ¼ n'est que le $\frac{1}{20}$ de 5.

D'un autre côté, comme tout porte à croire que les 5 p. % ne s'écarteront pas de long-temps de leur pair nominal, qui est de 100f à 102f,50, selon l'époque du semestre dont il s'agit, ou du moins qu'ils ne s'en écarteront pas d'une manière sensible, il est probable, par cette raison même, que la Caisse d'épargne conservera lontemps le taux actuel de 5 p. % d'intérêt. Et, dans cette dernière hypothèse, les résultats de nos tableaux ne différeraient des rigoureux que de la différence relative à la diminution ou à l'augmentation du taux d'intérêt qui résulte-

(*) Le capital réel de la rente et son capital nominal étant toujours en raison inverse de leur intérêt relatif, il suit de là que, *pour connaître à quel intérêt on place son argent en achetant des 5 p. o/o à n'importe quel cours, il faut diviser le nombre 500 par ce cours même*, c'est-à-dire que, dans cette occasion, il faut diviser 500 par 105f,25, ce qui donne 4, 3/4 pour quotient.

rait des achats de rentes faits à tout autre prix que le pair (*). Or, nous venons de démontrer que si la Caisse n'achetait des rentes, par exemple, qu'au cours moyen de 105^{f},25 à 107^{f},75, selon l'époque du semestre où ces achats auraient lieu, l'intérêt ne se trouverait descendre par le fait de cette supériorité du prix d'achat au-dessus du pair, que de 5 à 4 $\frac{3}{4}$, et que cette diminution n'affectant que la portion de l'avoir du titulaire en rentes, l'intérêt primitif sur la totalité de cet avoir ne serait réellement pas réduit de $\frac{1}{20}$.

Si l'achat des rentes avait lieu au contraire au cours moyen de 95^{f},25 rapporté toujours à l'ouverture du semestre, l'intérêt ne se trouverait monter par le fait de cette infériorité du prix d'achat au-dessous du pair que de 5 à 5 $\frac{1}{4}$ (**), c'est-à-dire que l'intérêt primitif sur la totalité de l'avoir du déposant, ne serait pas augmenté de $\frac{1}{20}$, puisque cette augmentation ne porterait que sur la portion acquise en rentes.

Il demeure donc prouvé que tant que le

(*) Il n'y a absolument que cette différence d'intérêt qui influe sur les résultats; car les prix d'achat au-dessus du pair ne doivent pas plus être considérés comme une perte que les prix d'achat au-dessous du pair comme un bénéfice. En effet, le cours des effets publics pouvant tout aussi bien descendre que monter dans l'intervalle qui doit s'écouler entre l'époque de ces achats et celle du retrait des placemens, il est plus naturel de le supposer le même, et d'admettre, par conséquent, que le déposant aura la possibilité de réaliser ses inscriptions au prix coûtant.

(**) Il résulte de la remarque consignée dans l'avant dernière note que, pour

cours de la rente ne dépassera pas les limites de 95f,25 à 105f,25, les résultats obtenus à l'aide de nos tableaux ne pourront pas différer des résultats rigoureux d'une différence correspondant à $\frac{1}{20}$ p. $\frac{0}{0}$ d'intérêt en plus ou en moins. Or, comme le *maximum* des dépôts est de 50 francs par dimanche, ce qui ne fait que 2600 francs par an, il en résulte qu'on n'aura jamais à opérer que sur des sommes peu considérables, et que, par conséquent, les différences numériques se réduiront en dernière analyse à assez peu de chose pour n'entraîner jamais aucune erreur importante.

Mais, pour raisonner dans toutes les hypothèses, admettons que la Caisse d'épargne soit forcée de diminuer le taux de l'intérêt d'une manière sensible, de le réduire, par exemple, à 4 p. $\frac{0}{0}$ plus ou moins ; la méthode que je viens d'établir n'en resterait pas moins applicable à ce nouvel ordre de choses, et il n'y aurait que les tableaux de sujets à changer, et à adapter au nouveau taux. Or, tout le monde pourrait les construire, puisque j'ai indiqué les élémens de leur formation, et que d'ailleurs il suffit pour cela de savoir faire des multiplications et des divisions décimales. Au reste, l'inconvénient que je viens de signaler sur l'impossibilité d'avoir des

---

apprécier cette augmentation d'intérêt, il suffit de diviser 500 par 95f,25, ce qui donne 5 1/4 pour quotient

5..

résultats exacts, même lorsque les tableaux sont calculés sur le taux reconnu par la Caisse d'épargne, n'en existerait pas moins dans tous les cas, parce qu'il tient à la nature même des choses, c'est-à-dire à ses opérations en achats de rentes.

En effet, je suppose qu'on construisît d'autres tableaux, basés sur le taux de 4 p. % l'an, parce que la Caisse d'épargne aurait adopté ledit taux; les résultats que l'on obtiendrait, par l'emploi de semblables tableaux, ne pourraient être justes que dans le cas unique où la Caisse acheterait les 5 p. % au cours invariable de 125 francs rapporté à l'ouverture du semestre, puisqu'il n'y a que ce cours qui correspondrait à 4 p. % d'intérêt qu'elle reconnaîtrait à chaque titulaire sur la portion de son avoir en numéraire (*). Or, ce cours invariable de 125 francs à l'ouverture de chaque semestre, ou ce qui est la même chose, le cours progressif de 125 à 127f,50 dans l'intervalle d'un semestre, et proportionnel à l'époque des achats, est précisément une véritable chimère, parce que, sans parler des circonstances extraordinaires qui exercent plus ou moins d'influence sur le prix des effets publics, il y a une certaine fluctuation qui en est insépa-

(*) Nous avons déjà dit que, pour connaître l'intérêt réel que rapportent les 5 p. o/o, il suffit de diviser 500 par le prix d'achat; or, $\frac{500}{125} = 4$ p. o/o.

rable. Je le répète donc, il est absolument impossible, dans tout état de cause, d'établir à l'avance des calculs rigoureusement exacts sur la Caisse d'épargne, puisqu'il faudrait pour cela que les prix d'achats des rentes fussent constamment en harmonie avec le taux d'intérêt qu'elle aurait fixé, c'est-à-dire qu'ils fussent au pair de ce taux. Par conséquent l'essentiel est d'indiquer, comme nous l'avons fait, les moyens d'obtenir des résultats assez approximatifs pour qu'on puisse apprécier jusqu'à un certain point, suffisant pour la pratique ordinaire, les avantages pécuniaires qu'offre cet excellent établissement.

DE LA SOLIDITÉ DE LA CAISSE D'ÉPARGNE.

56. Il est impossible qu'aucun autre établissement offre au public des garanties morales plus complètes que la Caisse d'épargne; aussi n'avons-nous rien à ajouter à ce que nous avons dit à ce sujet dans le premier chapitre, et nous bornerons-nous à l'envisager dans celui-ci sous le rapport des garanties matérielles.

L'objection la plus sérieuse qu'on ait encore fait contre sa solidité est fondée sur la nécessité où l'on suppose qu'elle pourrait se trouver de procéder à sa liquidation. Comme elle paie l'intérêt à partir du jour de chaque versement, sur tous les dépôts qu'elle reçoit, et qu'aux termes de l'art. 2 de ses statuts, elle est obligée de les convertir en rentes sur l'Etat, il en résulte que ceux de ses achats provenant des petites épargnes au-dessous de la somme nécessaire pour former une inscription de 10 francs de rente, sont contractés à ses risques et périls. Or si, par cause de dissolution, d'une allarme générale, ou enfin par un motif quelconque, elle était forcée un jour de rembourser ces dépôts avec leurs intérêts accumulés, il lui faudrait vendre ces rentes. « Si » donc le cours actuel, dit-on, était inférieur à » celui d'achat, il est évident que sa perte serait » plus ou moins considérable, selon l'intensité de » la baisse survenue dans l'intervalle, et qu'elle » pourrait se trouver ainsi dans l'impossibilité de » rembourser intégralement les prêteurs. Alors, » ajoute-t-on, ceux-ci seraient exposés, de leur » côté, à perdre non-seulement les intérêts ac- » quis, mais même une partie de leur ca- » pital ».

Ce raisonnement, qui était juste lors du début de la Caisse, tombe de lui-même aujourd'hui qu'elle a si bien pris dans le public, comme nous allons le démontrer. En effet, il résulte du dernier compte qu'elle a rendu de ses opérations pendant l'année 1824 (celui de 1825 n'est pas encore clos au moment où j'écris), qu'elle était propriétaire, au 31 décembre de ladite année, d'environ 50000 francs de rente, provenant,

1°. De sa dotation primitive de 1000 francs de rente;

2°. De l'accroissement que divers autres dons ont ajouté à cette dotation;

3°. Des bénéfices que l'établissement a pu faire sur le service des intérêts, et la plus value des rentes (1).

Il résulte encore de ce même compte que la Caisse avait reçu de divers déposans, pendant ladite année 1824, une somme de 2,482,496 fr., dont, pour caver au plus fort, je suppose que 1,655,000 fr., ou un peu plus des deux tiers, appartiennent aux petits déposans, c'est-à-dire, à ceux dont les versemens sont insuffisans pour l'achat d'une inscription de 10 francs de rente 5 p. $\frac{0}{0}$. D'après cette supposition, bien certaine-

---

(*) Ces dernières causes de bénéfice ont besoin d'être expliquées un peu plus clairement, surtout pour ceux qui n'ont pas présent notre premier chapitre. Il faut se rappeler d'abord, comme nous l'avons déjà dit, que, lorsque les sommes déposées suffisaient autrefois pour acheter une inscription de 50 fr. de rente, et plus récemment de 10 fr. seulement, le transfert de cette rente était fait au nom du déposant; et que, dans le cas contraire, la Caisse réunissait, comme elle réunit encore tous les petits dépôts pour acquérir une rente commune. Il faut remarquer aussi que les 5 p. 0/0 consolidés, qui, lors du début de la Caisse, étaient à environ 72 fr., déduction faite des intérêts échus, sont retombés depuis à 60 fr., et ne se sont élevés au pair et au-dessus que progressivement. Cela posé, lorsque la Caisse a acheté cette rente commune à ses risques et périls, à 71f,40 par exemple, elle a placé à 7p. 0/0 l'an, tandis qu'elle ne payait seulement que sur le pied de 5. Elle a donc eu, dans cette hypothèse, un excédent de 2 p. 0/0, ou de près de moitié en sus sur le paiement des intérêts, et elle a toujours continué de jouir d'un surcroît d'intérêt proportionné au prix d'achat des rentes jusqu'à leur élévation au pair, avantage qui a duré pendant plusieurs années.

ment outrée, la Caisse a dû convertir en rentes sur l'État, et à ses risques et périls, cette somme de 1,655,000 francs, constituant le solde en numéraire dont elle était débitrice.

Admettons actuellement que les différens prix d'achat de ces effets en fassent ressortir le prix moyen, coupon détaché, à 102 francs (calcul conforme aux mercuriales de la Bourse pendant l'année 1824), et que par conséquent la Caisse ne se soit procuré que 81127 francs de rente pour ladite somme de 1,655,000 francs. Enfin, pour abonder dans le sens, je ne dirai pas des détracteurs de la Caisse d'épargne, parce que je crois qu'il est impossible qu'il y en ait, mais dans le sens des gens timides jusqu'à la pusilla-

---

Quant au *boni* ou plus value des rentes, il a la même origine, et résulte de l'accroissement progressif du crédit public. Ainsi, en nous attachant toujours au même exemple, cette rente commune que la Caisse avait achetée à 71f,40, elle a été dans le cas de la transférer plus tard aux petits déposans au fur et à mesure que leur compte présentait une somme suffisante pour l'achat d'une inscription de 50 fr. ou de 10 fr. de rente, selon l'époque. Et comme, malgré quelques réactions de baisse, les effets publics se sont élevés progressivement au pair, il résulte de ce mouvement ascendant que la Caisse a dû nécessairement gagner sur la plupart de ces opérations, et qu'elle n'a pu perdre que dans quelques cas d'exception. Or, quand au moment du transfert le cours était à 76f,40, elle cédait à 764 fr. ce qui ne lui avait coûté que 714 fr., et gagnait par conséquent 50 fr. juste sur chaque inscription de pareille somme de rente; si elle transférait à 81f,40, elle gagnait, par la même raison, 100 fr. juste par chaque 50 fr. de rente, et se ménageait ainsi un bénéfice de 7 p. 0/0 sur le capital dans le premier cas, et de 14 p. 0/0 dans le second. Si les déposans retiraient, au contraire, leurs fonds avant de se trouver dans l'application du transfert, la Caisse, en vendant les inscriptions pour les rembourser, trouvait le même *boni* dans la différence du prix de vente au prix d'achat.

nimité, imaginons encore que les différens propriétaires de ces petits dépôts se donnent le mot pour les retirer tous à la fois, et précisément au moment où le cours des 5 p. $\frac{0}{0}$, serait tombé à 63f15. Alors les 81127 francs de rente que la Caisse devrait négocier audit prix de 63f15 ne produiraient, il est vrai, que 1,024,634 fr., destinés à faire face à 1,655,000 francs (*), et laisseraient, par conséquent, une perte de 630,366 fr.

Mais, d'un autre côté, les 50000 francs de rente environ que la Caisse possède déjà en toute propriété, lui produiraient au cours de 63f,15 631,500 francs, tandis que le déficit à combler ne serait que de 630,366 francs; il lui resterait donc encore un excédent de 1134 francs.

On a beau, comme on voit, entasser les suppositions les plus déraisonnables et les plus fâcheuses en même temps pour la Caisse, il est impossible d'en déduire aucune conséquence

---

(*) Nous n'avons pas ajouté à ce solde les intérêts accumulés que devrait rembourser en outre la Caisse, parce que nous ne les avons pas portés non plus en recette, quoiqu'elle les ait perçus. Ainsi, cette double omission établit une compensation qui ne change rien à la justesse de notre calcul, ou du moins si peu de chose qu'il ne vaut pas la peine d'en parler. En effet, la Caisse ne perdrait, en toute rigueur, que 1623 fr. pour un an plein, différence entre 82750 fr. d'intérêt qu'elle paie, et 81127 fr. seulement qu'elle reçoit du Gouvernement pour 1,655,000 fr. de numéraire qu'elle a converti en rentes sur l'État, à 102 fr. Mais, d'un autre côté, comme ces achats ont eu lieu dans le cours de l'année 1824, on peut les fixer tous au milieu; ce qui réduit sa perte de 1623 à moitié ou à 811f,50 : déficit qui est plus que couvert par l'excédent de 1134 fr. qui lui restent après sa liquidation.

contre sa solidité actuelle, que l'avenir ne peut que corroborer encore sous tous les rapports. En effet, le revenu du fonds capital qu'elle possède déjà en propre, étant plus que suffisant pour couvrir ses frais d'administration, cet excédent de recette sur la dépense est susceptible d'accroître les bénéfices successifs que nous venons de signaler un peu plus haut. Il résulte de là que la Caisse pourrait se liquider tous les ans sans rien faire perdre aux déposans, lors même que les 5 p. $\frac{0}{0}$ tomberaient à un cours de plus en plus inférieur à celui qui a servi de base au calcul précédent. Il faut ajouter à ces motifs une dernière considération plus puissante encore, et que voici ; c'est que la prolongation de la paix et la stabilité du Gouvernement contribuant de jour en jour a raffermir le crédit, les secousses dans le mouvement des fonds publics deviendront d'autant plus rares et moins violentes, et que, par cette raison même, les variations des cours seront resserrées dorénavant dans des limites plus étroites, et par conséquent incompatibles avec la latitude immense que nous venons de supposer très-gratuitement.

CONCLUSION.

58. Nous avons prouvé que la Caisse d'épargne offrait non-seulement les garanties morales et matérielles les plus complètes, mais des résultats pécuniaires supérieurs à ceux qu'on obtiendrait par tout autre genre de placement. Il peut arriver, il est vrai, comme nous l'avons déjà remarqué, que d'un moment à l'autre elle se trouve obligée de réduire le taux de l'intérêt. Mais, en pareil cas, les déposans seraient libres de ne pas se soumettre à cette réduction, et auraient profité de tous les avantages précédens jusqu'à cette époque; d'ailleurs ces avantages n'en seraient pas moins relativement les mêmes pour cela. En effet, si la Caisse adoptait, par exemple, le nouveau taux de 4 $\frac{1}{2}$ ou de 4 p. $\frac{0}{0}$ l'an, ce ne pourrait être que parce que le Gouvernement aurait réduit la rente, ou que les cours seraient montés en conséquence, ou enfin que d'une manière ou d'une autre la valeur de l'argent serait généralement descendue au-dessous de ce niveau; car il ne faut pas perdre de vue que, d'après l'art. 12 de ses statuts primitifs, la Caisse doit employer ses bénéfices à augmenter le taux de l'intérêt annuel en faveur des prêteurs. Nonobstant cette réduction, elle conserverait donc toujours tous les avantages inhérens à sa constitution même; c'est-à-dire, qu'on pourrait con-

tinuer à y faire fructifier les plus petites épargnes, à partir du jour de chaque versement, à un taux supérieur à celui adopté dans les transactions ordinaires; qu'on y jouirait encore de la capitalisation des intérêts tous les six mois, et qu'on pourrait en outre retirer ses fonds à volonté; triple avantage qu'on ne trouverait nulle autre part, et qui est d'autant plus profitable que, nous le répétons encore, l'administration est entièrement gratuite. Donc le bien matériel que produit la Caisse d'épargne est indépendant du temps et des circonstances, parce qu'elle est à l'abri de toutes les chances, et que son existence n'est fondée que sur l'amour du bien public.

Vous donc, pères de famille peu aisés, hommes laborieux de toutes les classes, et vous sur-tout artistes et ouvriers de tout genre, ne dérobez pas à la subsistance de votre femme et de vos enfans quelques pièces de monnaie encore toutes trempées de la sueur de votre front, pour aller les dissiper au cabaret, au jeu ou à la loterie. Prenez bien plutôt le chemin de la Caisse d'épargne, de cette institution si recommandable à tous égards, dont j'ai cherché à vous rendre les avantages sensibles par le tableau fidèle de ses opérations. Là, chaque année, chaque mois, chaque semaine, chaque jour verra s'accroître votre capital.

Retranchez de vos dépenses journalières 1 fr. par semaine seulement, ce qui ne fait pas tout à fait 3 sous par jour; continuez la même économie dix ans de suite, et vous serez possesseur au bout de ce temps de 672f.87, comme vous l'indique mon tableau C. Ce sera une continuité de bonne action, dont vous trouverez la première récompense dans la tendre reconnaissance de votre famille et dans l'estime de vous-même. Vous en recueillerez toute espèce fruit; car le contentement intérieur, la sérénité d'âme qui accompagnent toujours une conduite irréprochable, contribueront autant à l'entretien de votre santé et à votre bonheur domestique que vos épargnes à l'accroissement de votre petit bien-être.

TABLEAU A,

Indiquant l'accroissement progressif, à la fin de chaque semaine, d'une somme de 1 franc, placée tous les dimanches à la Caisse d'épargne, à raison de 5 p. % l'an.

MOIS.	SEMAINES.	RÉSULTAT A LA FIN DE CHAQUE SEMAINE.			MOIS.	SEMAINES.	RÉSULTAT A LA FIN DE CHAQUE SEMAINE.		
		Placemens effectués.	INTÉRÊTS relatifs.	TOTAL.			Placemens effectués.	INTÉRÊTS relatifs,	TOTAL.
		f.	f.	f.	Rep.	351	f. 351	f. 3 183	f. 354 183
	1	1	0 001	1 001		27	27	0 367	27 367
	2	2	0 003	2 003		28	28	0 395	28 395
	3	3	0 006	3 006		29	29	0 425	29 425
	4	4	0 010	4 010		30	30	0 452	30 452
	5	5	0 015	5 015		31	31	0 482	31 482
	6	6	0 020	6 020		32	32	0 513	32 513
3	7	7	0 027	7 027	3	33	33	0 545	33 545
	8	8	0 035	8 035		34	34	0 578	34 578
	9	9	0 044	9 044		35	35	0 612	35 612
	10	10	0 053	10 053		36	36	0 647	36 647
	11	11	0 064	11 064		37	37	0 683	37 683
	12	12	0 076	12 076		38	38	0 720	38 720
	13	13	0 088	13 088		39	39	0 758	39 758
	14	14	0 102	14 102		40	40	0 797	40 797
	15	15	0 117	15 117		41	41	0 837	41 837
	16	16	0 132	16 132		42	42	0 878	42 878
	17	17	0 149	17 149		43	43	0 920	43 920
	18	18	0 166	18 166		44	44	0 962	44 962
	19	19	0 185	19 185		45	45	1 006	46 006
3	20	20	0 204	20 204	3	46	46	1 051	47 051
	21	21	0 223	21 223		47	47	1 096	48 096
	22	22	0 246	22 246		48	48	1 143	49 143
	23	23	0 268	23 268		49	49	1 191	50 191
	24	24	0 292	24 292		50	50	1 239	51 239
	25	25	0 316	25 316		51	51	1 289	52 289
	26	26	0 341	26 341		52	52	1 339	53 339
A rep.	351	351	3 183	354 183	Tot.	1378	1378	24 108	1402 108

TABLEAU B,

Indiquant l'accroissement progressif, à la fin de chaque semaine, d'une somme de 1000 francs, à raison de 5 p. % l'an.

MOIS.	SEMAINES.	RÉSULTAT A LA FIN DE CHAQUE SEMAINE. Intérêts hebdomadaires.		TOTAL.		MOIS.	SEMAINES.	RÉSULTAT A LA FIN DE CHAQUE SEMAINE. Intérêts hebdomadaires.		TOTAL.	
		f.		f.		Rep..	351	f. 341	172	f. 26341	172
3	1	0	972	1000	972	3	27	26	244	1026	244
	2	1	944	1001	944		28	27	216	1027	216
	3	2	916	1002	916		29	28	188	1028	188
	4	3	888	1003	888		30	29	160	1029	160
	5	4	860	1004	860		31	30	132	1030	132
	6	5	832	1005	832		32	31	104	1031	104
	7	6	804	1006	804		33	32	076	1032	076
	8	7	776	1007	776		34	33	048	1033	048
	9	8	748	1008	748		35	34	020	1034	020
	10	9	720	1009	720		36	34	992	1034	992
	11	10	692	1010	692		37	35	964	1035	964
	12	11	664	1011	664		38	36	936	1036	936
	13	12	636	1012	636		39	37	908	1037	908
3	14	13	608	1013	608	3	40	38	880	1038	880
	15	14	580	1014	580		41	39	852	1039	852
	16	15	552	1015	552		42	40	824	1040	824
	17	16	524	1016	524		43	41	796	1041	796
	18	17	496	1017	496		44	42	768	1042	768
	19	18	468	1018	468		45	43	740	1043	740
	20	19	440	1019	440		46	44	712	1044	712
	21	20	412	1020	412		47	45	684	1045	684
	22	21	384	1021	384		48	46	656	1046	656
	23	22	356	1022	356		49	47	628	1047	628
	24	23	328	1023	328		50	48	600	1048	600
	25	24	300	1024	300		51	49	572	1049	572
	26	25	272	1025	272		52	(*)50	544	1050	544
A rep.	351	341	172	26341	172	Tot.	1378	1339	416	53339	416

(*) L'année commerciale se composant de 360 jours, l'intérêt d'un an ne devrait être que de 50 francs juste. La différence de 544 millième de franc, en plus ici, vient de ce que, dans le calcul actuel établi par semaine, nous comptons l'année pour 364 jours au lieu de 360, et le semestre pour 182 au lieu de 180.

TABLEAU C,

Indiquant l'accroissement progressif par semestre d'une somme de 1 franc, placée tous les dimanches à la Caisse d'épargne, pendant 30 ans de suite, à 5 p. % l'an.

Nota. A partir du jour de chaque versement, la Caisse tient compte des intérêts simples qu'elle capitalise ensuite tous les six mois.

ANNÉES et SEMESTRES.	RÉSULTAT A LA FIN DE CHAQUE SEMESTRE. Placemens effectués.	Intérêts simples et composés provenant de ces placemens.	TOTAL.	ANNÉES et SEMESTRES.	RÉSULTAT A LA FIN DE CHAQUE SEMESTRE. Placemens effectués.	Intérêts simples et composés provenant de ces placemens.	TOTAL.
				Report. .	12090 »	3714 929	15804 929
1re. 1er..	26 »	0 341	26 341	16e. 1er..	806 »	405 692	1211 692
2e...	52 »	1 341	53 341	2e...	832 »	436 325	1268 325
2e. 1er..	78 »	3 016	81 016	17e. 1er..	858 »	468 374	1326 374
2e...	104 »	5 382	109 382	2e...	884 »	501 874	1385 874
3e. 1er..	130 »	8 458	138 458	18e. 1er..	910 »	536 862	1446 862
2e...	156 »	12 260	168 260	2e...	936 »	573 375	1509 375
4e. 1er..	182 »	16 808	198 808	19e. 1er..	962 »	611 450	1573 450
2e...	208 »	22 119	230 119	2e...	988 »	651 127	1639 127
5e. 1er..	234 »	28 213	262 213	20e. 1er..	1014 »	692 446	1706 446
2e...	260 »	35 109	295 109	2e...	1040 »	735 448	1775 448
6e. 1er..	286 »	42 828	328 828	21e. 1er..	1066 »	780 175	1846 175
2e...	312 »	51 390	363 390	2e...	1092 »	826 670	1918 670
7e. 1er..	338 »	60 816	398 816	22e. 1er..	1118 »	874 978	1992 978
2e...	364 »	71 127	435 127	2e...	1144 »	925 143	2069 143
8e. 1er..	390 »	82 346	472 346	23e. 1er..	1170 »	977 213	2147 213
2e...	416 »	94 496	510 496	2e...	1196 »	1031 234	2227 234
9e. 1er..	442 »	107 599	549 599	24e. 1er..	1222 »	1087 256	2309 256
2e...	468 »	121 680	589 680	2e...	1248 »	1145 328	2393 328
10e. 1er..	494 »	136 763	630 763	25e. 1er..	1274 »	1205 502	2479 502
2e...	520 »	152 873	672 873	2e...	1300 »	1267 831	2567 831
11e. 1er..	546 »	170 037	716 037	26e. 1er..	1326 »	1332 368	2658 368
2e...	572 »	188 279	760 279	2e...	1352 »	1399 168	2751 168
12e. 1er..	598 »	207 627	805 627	27e. 1er..	1378 »	1468 288	2846 288
2e...	624 »	228 109	852 109	2e...	1404 »	1539 786	2943 786
13e. 1er..	650 »	249 753	899 753	28e. 1er..	1430 »	1613 722	3043 722
2e...	676 »	272 588	948 588	2e...	1456 »	1690 156	3146 156
14e. 1er..	702 »	296 644	998 644	29e. 1er..	1482 »	1769 151	3251 151
2e...	728 »	321 951	1010 051	2e...	1508 »	1850 771	3358 771
15e. 1er..	754 »	348 536	1102 536	30e. 1er..	1534 »	1935 081	3469 081
2e...	780 »	376 440	1156 440	2e...	1560 »	2022 149	3582 149
A reporter. .	12090 »	3714 929	15804 929	TOTAUX. .	47580 »	36069 872	83649 872

TABLEAU D,

Indiquant l'accroissement progressif, à la fin de chaque semestre, de la valeur de 1 franc, à raison de 5 p. % l'an, mais dont on réglerait et capitaliserait les intérêts tous les 6 mois.

Nota. Dans ce tableau et dans le précédent C, l'année n'est comptée que pour 360 jours.

ANS.	ACCROISSEMENT par SEMESTRE.		ANS.	ACCROISSEMENT par SEMESTRE.		ANS.	ACCROISSEMENT par SEMESTRE.	
		fr.			fr.			fr.
1	1er. sem.	1 025	13	1er. sem.	1 854	25	1er. sem.	3 353
	2e. . . .	1 051		2e. . . .	1 900		2e. . . .	3 437
2	1er. sem.	1 077	14	1er. sem.	1 948	26	1er. sem.	3 523
	2e. . . .	1 104		2e. . . .	1 996		2e. . . .	3 611
3	1er. sem.	1 131	15	1er. sem.	2 046	27	1er. sem.	3 701
	2e. . . .	1 160		2e. . . .	2 098		2e. . . .	3 794
4	1er. sem.	1 189	16	1er. sem.	2 150	28	1er. sem.	3 889
	2e. . . .	1 219		2e. . . .	2 204		2e. . . .	3 986
5	1er. sem.	1 249	17	1er. sem.	2 259	29	1er. sem.	4 086
	2e. . . .	1 280		2e. . . .	2 315		2e. . . .	4 188
6	1er. sem.	1 312	18	1er. sem.	2 373	30	1er. sem.	4 292
	2e. . . .	1 345		2e. . . .	2 433		2e. . . .	4 400
7	1er. sem.	1 379	19	1er. sem.	2 493	31	1er. sem.	4 510
	2e. . . .	1 413		2e. . . .	2 556		2e. . . .	4 623
8	1er. sem.	1 448	20	1er. sem.	2 620	32	1er. sem.	4 738
	2e. . . .	1 485		2e. . . .	2 685		2e. . . .	4 857
9	1er. sem.	1 522	21	1er. sem.	2 752	33	1er. sem.	4 978
	2e. . . .	1 560		2e. . . .	2 821		2e. . . .	5 102
10	1er. sem.	1 599	22	1er. sem.	2 892	34	1er. sem.	5 230
	2e. . . .	1 639		2e. . . .	2 964		2e. . . .	5 361
11	1er. sem.	1 680	23	1er. sem.	3 038	35	1er. sem.	5 495
	2e. . . .	1 722		2e. . . .	3 114		2e. . . .	5 632
12	1er. sem.	1 765	24	1er. sem.	3 192	36	1er. sem.	5 773
	2e. . . .	1 809		2e. . . .	3 271		2e. . . .	5 917

TABLE

DES MATIÈRES.

FIN DE LA TABLE DES MATIÈRES.

PARIS. — IMPRIMERIE DE L. BOUCHARD,
rue des des Petites-Écuries, n°. 47.

www.ingramcontent.com/pod-product-compliance
Ingram Content Group UK Ltd.
Pitfield, Milton Keynes, MK11 3LW, UK
UKHW020343180726
13839UKWH00002B/881